BRÈVE HISTOIRE
DE LA PENSÉE ÉCONOMIQUE
D'ARISTOTE À NOS JOURS

Du même auteur

L'Inflation rampante dans les pays de capitalisme évolué, Cujas, 1968.

Une introduction à l'économie politique, avec Pierre Salama, Maspero, 1973.

Sur l'impérialisme, Maspero, 1975.

Le Parti communiste français et le capitalisme monopoliste d'État, Maspero, 1976.

Une critique de l'économie politique, 2 tomes, Maspero, 1982.

L'Économie gangrenée. Essai sur l'hyperinflation, avec Pierre Salama, La Découverte, 1990.

L'Amérique latine dans la crise, avec Pierre Salama, Nathan, 1991.

Pauvretés et inégalités dans le tiers-monde, avec Pierre Salama, La Découverte, 1994.

Les Politiques sociales de la Banque mondiale à l'épreuve des droits humains, avec Anne-Christine Habbard et Marie Guiraud, Fédération internationale des droits de l'homme, Rapport, 2003.

Jacques Valier

BRÈVE HISTOIRE DE LA PENSÉE ÉCONOMIQUE D'ARISTOTE À NOS JOURS

Champs essais

ISBN : 978-2-0812-2900-6

« Sur le terrain de l'économie politique, la libre et scientifique recherche rencontre bien plus d'ennemis que dans les autres champs d'exploration. La nature particulière du sujet qu'elle traite soulève contre elle et amène sur le champ de bataille les passions les plus vives [...], toutes les furies de l'intérêt privé. »

KARL MARX,
préface de la première
édition allemande du *Capital*,
Éditions sociales, tome 1, 1978, p. 20.

Sommaire

Introduction

Étudier l'histoire de la pensée économique, les conditions de sa naissance et de son développement met en lumière une caractéristique essentielle de l'économie politique. L'économie politique et les questions auxquelles elle s'efforce de répondre sont nées avec la production marchande. Lorsqu'apparaît la production pour un marché, lorsque de brusques fluctuations de prix causent la ruine de nombreux producteurs, lorsque l'argent nécessaire au développement de la production marchande dissout les anciennes relations sociales, les premières questions de nature économique surgissent. Ce n'est donc pas un hasard si c'est dans la Grèce antique et en Chine, où la production marchande et l'économie monétaire semblent avoir connu leur premier essor, qu'apparaît la pensée économique. De même, nous constatons que l'économie politique connaît un extraordinaire développement en Europe occidentale à partir du XVIIIe siècle, c'est-à-dire précisément au moment où la production capitaliste se développe avec force et devient prédominante.

En ce sens, les conditions de la naissance et du développement de l'économie politique la font apparaître comme une science historique qui étudie des lois, elles-mêmes historiques, c'est-à-dire des lois qui sont spécifiques à un système économique et social historiquement bien déterminé : la production capitaliste.

En ce sens également, il existe un rapport bien particulier entre l'état actuel des idées et des analyses économiques, et leur histoire. Une histoire qui nous aide à comprendre les controverses actuelles et l'état présent de l'économie politique.

Dans la Grèce ancienne, Platon se prononce pour la propriété commune et l'interdiction de tout échange marchand, tandis qu'Aristote se déclare favorable à la propriété privée et, dans certaines limites, à l'échange marchand, ce qui le conduit à des analyses de la valeur et de la monnaie. Au XVIe siècle, les mercantilistes louent les mérites du système capitaliste en train de naître, tandis que Thomas More le critique vivement et présente un projet de société communiste. À la fin du XVIIIe siècle et au début du XIXe, Adam Smith et David Ricardo présentent une théorie de la valeur et de la répartition des revenus qui annonce celle de Karl Marx, tandis que Jean-

Baptiste Say défend une théorie tout à fait autre qui préfigure celle des auteurs néo-classiques de la fin du XIXe siècle. De même la loi des débouchés de Say peut-elle être considérée comme l'ancêtre des analyses néo-classiques de la fin du siècle sur l'impossibilité des crises générales de surproduction, tandis que les analyses de Thomas Robert Malthus sur le rôle de la demande effective préfigurent celles de John Maynard Keynes. Au XIXe siècle, enfin, s'opposent libéralisme économique et socialisme. On pourrait ainsi multiplier les exemples. Ne voit-on pas qu'il serait tout à fait vain d'imaginer que les débats actuels puissent être compris indépendamment de la forme qu'ils ont revêtue dans le passé ? L'histoire de la pensée économique est une nécessité.

Cette histoire n'est pas présentée ici de façon exhaustive. Cela signifie que nous ne présenterons pas tous les auteurs, que nous ferons une sélection qui permettra de donner une meilleure vue d'ensemble de chaque grand courant et de mieux comprendre les filiations et oppositions, avancées et reculs, qui jalonnent l'histoire de la pensée économique.

Chapitre I

Les interrogations morales et sociales face à l'apparition et à l'essor de l'économie marchande

De la Grèce ancienne à l'Europe du Moyen Âge

Nous allons nous situer d'abord dans la Grèce ancienne, qui connaît durant les VIe et Ve siècles av. J.-C. un essor important de l'économie marchande. Cet essor suscite des interrogations d'ordre moral et social. Un vaste débat s'ouvre à Athènes aux Ve et IVe siècles av. J.-C., dominé par les projets d'organisation sociale de la Cité présentés par Platon, puis Aristote. Nous verrons comment Aristote a été conduit, dans ce débat, à élaborer de premiers éléments d'analyse économique très importants.

Puis nous nous situerons dans l'Europe du Moyen Âge, où, à partir de la fin du XIe siècle et au début du XIIe, se produit un nouvel essor marchand qui suit une longue période de régression économique. Cet essor oblige l'Église à prendre position. C'est à saint Thomas d'Aquin qu'il incombera de le faire au XIIIe siècle.

I. La Grèce ancienne : Aristote

À partir du VIe-Ve siècle av. J.-C., la Grèce connaît un important essor de l'économie marchande. Elle tend à passer d'une économie naturelle, dans laquelle production, répartition des activités de travail et distribution des richesses sont organisées consciemment et collectivement au sein de petites communautés, tribus ou clans, à une économie marchande, où les producteurs, indépendants les uns des autres, produisent pour vendre sur le marché. Les échanges marchands deviennent plus intensifs. Ils s'internationalisent, Athènes contrôlant alors toute une zone commerciale sur le pourtour de la Méditerranée. Athènes, toutes proportions gardées, devient, comme l'Angleterre du XIXe siècle, l'atelier du monde, important des matières premières, puis produisant et exportant des produits finis. Parallèlement, l'usage de la monnaie, nécessaire au développement de ces échanges, s'étend considérablement. Il en est de même de la pratique des prêts à intérêt.

Cette évolution économique s'accompagne d'une évolution sociale, et en particulier de l'essor de nouvelles couches sociales qui s'enrichissent : commerçants, marchands, financiers, qui accumulent de l'argent pour satisfaire leurs besoins personnels et non plus, comme les riches d'antan, pour participer à la gloire de la Cité. Les inégalités sociales se creusent entre ces nouvelles couches sociales riches et une plèbe de chômeurs dans les villes, paysans chassés de leurs terres par la concentration de la propriété foncière et qui, une fois en ville, ont du mal à trouver du travail, celui-ci étant pour l'essentiel effectué par des esclaves. L'opposition permanente entre riches et pauvres perturbe alors profondément le fonctionnement de la cité athénienne. À la démocratie triomphante succèdent des régimes dictatoriaux.

De la fin du Vᵉ siècle au début du IVᵉ av. J.-C., Athènes connaît donc une crise sociale et politique grave. Elle s'accompagne d'une crise morale et intellectuelle qui se manifeste par la mise en cause des lois de la Cité, jusque-là intangibles, voire sacrées. L'équilibre remarquable qui s'était établi au Vᵉ siècle, et qui avait fait d'Athènes la plus opulente et la plus inventive des cités, s'effondre.

C'est sur ce fond de crise que se développe au IVᵉ siècle av. J.-C. un vaste débat, politique mais aussi économique, puisque est discutée la question de l'économie marchande, et en particulier le problème de savoir s'il faut ou non encourager son développement. Dans ce débat s'illustrent Platon (428-348 av. J.-C.) et Aristote (384-322 av. J.-C.).

Contrairement à Platon, son maître, pour qui la construction d'une Cité juste et harmonieuse répond au besoin d'assurer le salut des âmes, Aristote s'attache à la réalisation du bonheur sur terre. Esprit universel et scientifique, il s'intéresse aussi bien à la physique et aux sciences naturelles qu'à l'économie et à la politique. Il traite de l'économie principalement dans deux ouvrages, *Politiques* et *Éthique à Nicomaque*.

Platon s'était déclaré favorable à la communauté des biens et à l'interdiction de tout échange marchand et d'usage de l'argent. Dans sa Cité idéale, tout appartient à tous. Aristote s'oppose à cette idée d'une communauté des biens, difficile à réaliser, qui entraînerait des conflits beaucoup plus fréquents entre les citoyens et qui les inciterait à moins d'efforts. Il défend la propriété privée, au nom de l'efficacité. Il aborde alors la question de l'*économie marchande* et celle de la *justice*. Son esprit scientifique le conduit à tenter de comprendre théoriquement les mécanismes intimes de fonctionnement de l'économie marchande. Il fait alors de très importantes découvertes.

Oui à l'échange marchand, non à l'accumulation

Aristote accepte l'échange marchand et l'utilisation de la monnaie qu'il implique, mais dans le cadre de certaines limites.

Il explique qu'un certain type d'échange, né de l'agrandissement des communautés, de la diversification des besoins et de la spécialisation des producteurs, a pour but la satisfaction d'un besoin. On échange des choses utiles contre d'autres, rien de plus. Aristote fait à ce propos une distinction fort importante, que l'on retrouve tout au long de l'histoire de la pensée économique, entre valeur d'usage et valeur d'échange. Une chaussure peut être utilisée soit comme valeur d'usage, c'est-à-dire qu'elle satisfait un besoin, soit comme valeur d'échange, c'est-à-dire qu'elle sert à obtenir un autre bien.

À partir du moment où les échanges se développent, l'utilisation de la monnaie est évidemment très utile. Aristote met l'accent, à cet égard, sur deux des fonctions de la monnaie : elle exprime la valeur des marchandises et est l'instrument de circulation des marchandises.

Ce premier aspect de l'échange marchand, où le but est simplement la satisfaction d'un besoin et où l'argent n'est qu'un instrument de circulation des marchandises, peut être symbolisé par le schéma : M → A → M. Le but de l'opération est la satisfaction d'un besoin : je vends un bien M, que je ne désire pas utiliser, contre de l'argent A, afin de pouvoir acheter un autre bien M que je désire utiliser.

Tant que l'échange marchand et l'utilisation de la monnaie se limitent à obtenir une valeur d'usage et à satisfaire un besoin, Aristote les accepte. C'est ce qu'il appelle « l'art naturel d'acquérir ». Cette pratique non seulement ne remet pas en question la cohésion de la Cité, mais elle suscite même des rencontres qui unifient la Cité, la monnaie permettant alors de satisfaire le besoin que chacun a de l'autre.

Mais, si Aristote accepte ce premier aspect de l'économie marchande, il en refuse très fermement un deuxième aspect, qu'il appelle la « chrématistique », ou accumulation sans limite de richesse. En effet, fait remarquer Aristote, l'échange marchand, que nous avons symbolisé dans son premier aspect par le schéma M → A → M, a lui-même donné naissance à une deuxième logique, que nous pouvons symboliser par le schéma A → M → A'. Cette fois, on achète avec de l'argent A une marchandise M, pour la revendre à un prix A' supérieur à A, c'est-à-dire pour la revendre avec profit. Le but de l'opération a changé. Il n'est plus l'obtention d'une valeur d'usage pour satisfaire un besoin, il est l'obtention d'un profit. *La monnaie n'est plus ici seulement instrument de circulation des marchandises, comme dans le premier schéma* M → A → M, elle est aussi instrument d'accumulation de richesse, une accumulation sans limite, souligne Aristote, car l'argent obtenu peut de nouveau être utilisé dans une nouvelle opération d'obtention de profit.

Aristote introduit ainsi une distinction fondamentale entre deux types de circulation marchande (M → A → M et A → M → A'), et il insiste à juste titre sur les buts différents des deux dimensions de l'échange marchand.

Puis Aristote va plus loin. Il condamne avec vigueur cette chrématistique, cette accumulation sans limite de richesse, car il voit en elle une force de destruction de l'unité et de la cohésion de la Cité. Cette condamnation donne lieu à une analyse magistrale des effets du développement de l'économie marchande sur la crise de la cité grecque.

Cette recherche illimitée de la richesse doit donc être proscrite de la Cité, de même que le prêt à intérêt, que nous pouvons symboliser par le schéma A → A' : de l'argent sert à produire une somme d'argent supérieure. Dans le prêt à intérêt, la monnaie n'est même plus instrument de circulation des marchandises ; elle ne sert qu'à accumuler la richesse. C'est donc, selon Aristote, la façon la plus condamnable de rechercher cette richesse.

Enfin, dans la même optique de condamnation de l'accumulation sans limite de profit, Aristote se prononce contre l'achat/vente de la force de travail. Il refuse donc l'extension de l'économie marchande à la force de travail, refus évidemment facilité par le fait qu'aux yeux d'Aristote le travail productif doit être accompli par les esclaves !

La justice dans l'échange

Aristote, dans son désir de construction d'une cité harmonieuse, accorde une très grande importance à la justice sociale.

Il s'intéresse d'abord à la justice distributive, c'est-à-dire à la répartition des richesses et des revenus. Il est hostile à une distribution égalitaire, car il estime que la véritable justice consiste à donner *à chacun selon ses mérites*.

Puis il traite de la justice commutative, c'est-à-dire la justice dans l'échange : chacun doit recevoir autant qu'il donne. Il est donc conduit à rechercher un critère objectif pour juger de l'égalité, de l'équivalence, dans l'échange et développe des réflexions devenues célèbres sur la *valeur* des marchandises. Il n'y a, explique-t-il, ni échange sans égalité ni égalité sans commensurabilité. Plus précisément, si une maison s'échange contre cinq lits ou x paires de chaussures, c'est qu'on peut mettre un trait d'égalité entre une maison, cinq lits et x paires de chaussures. Et cette égalité implique quelque chose de commun qui les rend commensurables. Ne se contentant pas de cette importante découverte, Aristote précise parfois que ce quelque chose de commun est le travail. La maison, les lits et les chaussures ont en commun d'être le fruit du travail, et la quantité de travail nécessaire pour les produire est la même. Il énonce ici une ébauche de la théorie de la valeur-travail qui sera largement développée de nombreux siècles plus tard.

Ainsi voyons-nous qu'Aristote a parfaitement compris la nécessité de procéder à une analyse scientifique de l'économie marchande en train de naître. Particulièrement sensible à la nouveauté des conditions économiques apparues dans la Grèce de son temps, il a cherché à en déceler les lois. Analyses sur la valeur, la monnaie, la circulation des marchandises sous son double aspect que nous avons symbolisé M → A → M et A → M → A', le prêt à intérêt : la fécondité de l'œuvre d'Aristote est exceptionnelle.

Et pourtant, l'effondrement du monde grec va entraîner un tel recul de civilisation qu'il faudra attendre des siècles pour voir à nouveau se développer la pensée économique.

II. L'Europe du Moyen Âge : saint Thomas d'Aquin

En Europe, la période qui va du Ve siècle après J.-C. au Xe siècle inclus est marquée par la chute de l'empire romain d'Occident et les invasions des Goths, Vandales et Wisigoths. Il se produit un profond recul de l'échange marchand. L'arrivée de ces nouveaux peuples organisés sur la base de communautés de villages, puis la constitution de domaines féodaux qui ne vivent certes pas en autarcie, mais sont cependant très peu ouverts sur l'extérieur, s'accompagnent d'un déclin des villes, d'une régression de l'industrie, d'un important recul des échanges commerciaux.

Triomphe alors au sein de l'Église chrétienne, qui occupe l'essentiel de l'espace culturel, la doctrine de l'indifférence à l'égard des institutions sociales. Ce triomphe est illustré par la pensée d'un évêque, saint Augustin, qui dans son ouvrage *La Cité de Dieu* (426) considère qu'il ne faut pas s'intéresser à un monde terrestre condamné par le péché originel et qu'il faut donc se soumettre aux institutions sociales existantes, y compris l'esclavage, sans se poser la question de savoir si elles sont bonnes ou non. C'est ici le point extrême de désengagement de la doctrine chrétienne officielle à l'égard des problèmes économiques et sociaux.

À partir du XIe siècle s'ouvre une ère de transformations radicales dont les caractéristiques prendront toute leur ampleur aux XIIe et XIIIe siècles. Les transformations sont politiques, marquées, notamment en France, par un renforcement du pouvoir royal. Elles sont économiques, caractérisées par un nouvel essor de la production marchande, du commerce, de la finance, des villes. Cet essor est stimulé par les croisades et par le soutien actif des rois, désireux de s'appuyer sur une nouvelle couche sociale émergente, la bourgeoisie, pour renforcer leur autorité face aux grands seigneurs. Parallèlement se développent la monétarisation de l'économie, ainsi que l'activité des changeurs de monnaie, précurseurs des banquiers, et la pratique du prêt à intérêt, malgré une interdiction théorique de l'Église. Les transformations sont enfin intellectuelles, marquées par la redécouverte de l'œuvre d'Aristote en Europe, grâce à des commentateurs arabes.

L'Église ne peut désormais plus s'en tenir au désengagement face aux questions économiques et sociales. Elle doit donner son avis. Telle sera la tâche, au XIIIe siècle, de saint Thomas d'Aquin

(1225-1274), qui, dans son œuvre majeure, *La Somme théologique,* va chercher à définir quelles sont les conditions économiques et sociales nécessaires pour que l'homme ait une vie vertueuse.

Dans le domaine économique, saint Thomas d'Aquin utilise un certain nombre de thèses d'Aristote pour justifier une moralisation de la vie humaine. Il accepte le principe de l'économie marchande – adaptation à la réalité –, mais en moralisant son fonctionnement.

Cette démarche, que l'on peut qualifier de « oui, mais » ou de « non, mais » à l'égard de l'économie marchande, est celle qui prévaut dans les trois questions que traite saint Thomas d'Aquin.

Tout d'abord, oui à la propriété privée, plus efficace économiquement que la propriété collective, qui suppose des hommes parfaits, mais à condition que les propriétaires fassent preuve de générosité envers les pauvres.

Par ailleurs, oui au commerce et au profit commercial... mais à condition que l'intention du commerçant soit moralement bonne, c'est-à-dire si le gain qu'il recherche n'est pas destiné à un enrichissement sans limite, mais relève de la volonté de subvenir aux besoins de sa famille ou de secourir les pauvres. Parallèlement, saint Thomas d'Aquin aborde le problème déjà traité par Aristote de la justice dans l'échange. Il affirme que la vente des marchandises doit se faire à un « juste prix ». C'est un prix qui couvre le coût, auquel s'ajoute un gain modéré permettant au commerçant, réaffirme-t-il, de subvenir de façon modeste à ses besoins et de faire la charité. Comment déterminer ce « juste prix » ? En suivant les indications de sa conscience. *Le « juste prix » est donc défini de façon morale.* Contrairement à Aristote, saint Thomas d'Aquin ne cherche pas un élément objectif permettant de définir l'équivalence dans l'échange.

Enfin, sur la question des prêts à intérêt, saint Thomas d'Aquin commence par le non, fidèle à l'attitude officielle de l'Église. Il ajoute cependant un mais. Il reconnaît la légitimité de l'intérêt si le prêteur supporte une réelle privation. Il s'agit alors d'un simple dédommagement. Saint Thomas d'Aquin ouvre ainsi une brèche qui, en fait, n'est qu'une adaptation à l'importance croissante prise par les prêts à intérêt à mesure que se développe la production marchande. L'Église elle-même y a d'ailleurs souvent recours pour couvrir ses grands besoins d'argent.

Saint Thomas d'Aquin, en acceptant l'économie marchande, mais en préconisant au nom de la morale chrétienne le contrôle de son expansion, participe à sa façon au maintien de l'équilibre économique et social caractéristique de la société médiévale : équilibre entre noblesse et société féodale, d'une part, et jeune bourgeoisie engendrée avec le capitalisme, d'autre part.

Quelques siècles plus tard, du XVIe au XVIIIe, le capitalisme commercial se développera puissamment en Europe, et ainsi seront créées les conditions qui permettront à la fin du XVIIIe siècle la révolution industrielle et l'essor du capitalisme industriel.

La réflexion économique prendra alors son autonomie par rapport à la morale, et les premiers travaux spécifiquement économiques verront le jour.

Chapitre 2

La naissance du capitalisme en Europe : du pragmatisme mercantiliste à l'apparition du libéralisme

Du XVIe siècle à la fin du XVIIIe siècle

Cette période est une phase de transition entre l'économie médiévale et la naissance du capitalisme industriel, phase durant laquelle s'est développé le capitalisme commercial.

Le nouveau contexte politique, économique et intellectuel engendre de nouvelles idées économiques.

Le nouveau contexte politique est marqué par la naissance de l'État moderne, centralisé, puissant, unifiant la nation sous le pouvoir absolu d'un souverain. La constitution de cet État engendre des institutions nouvelles : armée permanente, administration étendue à l'ensemble du pays, justice royale, institutions qui nécessitent des ressources considérables. Le roi a la volonté d'utiliser l'économie nationale pour renforcer son pouvoir, et de fait l'économie va lui venir en aide.

Le nouveau contexte *économique* est caractérisé par un extraordinaire développement du capitalisme commercial, lié aux grandes découvertes et conquêtes de la fin du XVe siècle et du début du XVIe. Les échanges commerciaux s'accroissent considérablement, en particulier avec le continent américain, sous des formes diverses : importation de produits nouveaux (tabac, maïs, canne à sucre, épices...), développement d'un commerce triangulaire Europe-Afrique-Amérique fondé sur la traite des esclaves. Il faut y ajouter un afflux considérable d'or et d'argent, le plus souvent volés, ce qui entraîne une monétarisation accrue des économies européennes. Parallèlement à l'essor particulièrement soutenu du commerce et de la finance se développe une classe de marchands – entrepreneurs, dirions-nous aujourd'hui –, de grands commerçants et financiers, développement encouragé par le pouvoir royal, qui compte sur la bourgeoisie pour s'assurer un appui financier et réduire le pouvoir de la noblesse. Tandis qu'une énorme masse de capital-argent s'accumule ainsi dans les mains de cette nouvelle classe, une autre apparaît, composée de prolétaires qui ne possèdent que leur force de travail pour vivre. En Angleterre, cette apparition est le fruit de la politique dite des *enclosures,* qui, au XVIe siècle, chasse de leurs terres des milliers de petits paysans par la suppression des terrains communaux et la concentration des propriétés. S'y ajoutent les artisans ruinés par la concurrence des manufactures naissantes.

Le nouveau contexte *intellectuel* est marqué par les idées de la Renaissance et de la Réforme. Durant la période de la Renaissance, les humanistes (Érasme, Rabelais) et les hommes de science (Copernic, Galilée) défendent l'idée selon laquelle le monde est soumis à des lois que les hommes peuvent parfaitement connaître grâce à l'usage de la raison et de l'expérience, s'ils disposent de la liberté intellectuelle. Ils s'opposent ainsi au dogmatisme de l'Église. La Réforme, dans son courant calviniste au XVIe siècle, conçoit la richesse comme une bénédiction de Dieu. Le marchand, frappé jusque-là de suspicion, peut désormais s'enrichir, non seulement avec l'appui du pouvoir royal, mais aussi avec la bénédiction de la nouvelle religion.

Dans ce contexte politique, économique et intellectuel inédit naissent successivement deux types de réflexion économique.

Aux XVIe et XVIIe siècles se développent une littérature et une pensée économiques qualifiées de *mercantilisme*. Il ne s'agit pas d'une école de pensée constituée, mais d'auteurs, assez différents les uns des autres, qui ont cependant certaines préoccupations communes. Leur démarche est essentiellement pratique en ce sens qu'ils cherchent surtout à donner au souverain des conseils de politique économique, à proposer les moyens qu'ils jugent les plus efficaces pour développer la puissance politique du royaume grâce au développement de sa puissance économique.

Puis, au XVIIIe siècle, un deuxième type de réflexion économique émerge. La bourgeoisie, plus forte, a moins besoin du soutien et de la protection de l'État. La doctrine du libéralisme économique naît.

I. Le pragmatisme mercantiliste

Les titres des ouvrages des mercantilistes sont le plus souvent révélateurs de leur projet.

En Espagne, Luis Ortiz, 1588, *Mémoire au Roi pour empêcher la sortie de l'or*. En Angleterre, John Hales, 1549, *Discours sur la prospérité publique de ce royaume d'Angleterre ;* Thomas Mun, 1630, *Le Trésor de l'Angleterre par le commerce extérieur ;* Josiah Child, 1690, *Discours sur la nature et les avantages du commerce*. En France, Jean Bodin, 1568, *Réponse aux paradoxes de Monsieur de Malestroit ;* Antoine de Montchrestien, 1616, *Traité d'économie politique*, dédié au roi Louis XIII.

Il s'agit donc pour les mercantilistes de développer la richesse et la puissance nationales et de rechercher les conditions de la croissance.

Pour eux, l'objectif visé est la richesse et la puissance de l'État. Cette richesse est liée à l'enrichissement des marchands. Leur quête du profit, affirme Montchrestien, suscite une bonne part du bien public. Le développement de l'industrie et du commerce, qui engendre les profits privés et suscite des entrées d'or dues à l'essor des exportations, assure en même temps richesse et puissance à l'État en lui permettant la perception par l'impôt de ressources considérables, elles-mêmes nécessaires au financement de ses dépenses croissantes.

Les mercantilistes se proposent alors de chercher comment cette richesse des marchands – et de ce fait celle de l'État – peut être assurée. Les conceptions s'affranchissent de la philosophie et de la morale, l'économie politique tend à devenir autonome dans la mesure où sa problématique est formulée uniquement à partir des exigences d'une politique d'enrichissement et de puissance.

Les facteurs de la croissance

Les facteurs de la croissance sont, aux yeux des mercantilistes, au nombre de trois : abondance en hommes ; abondance d'argent ; intervention de l'État en matière de commerce extérieur.

Abondance en *hommes*. Un travail abondant et bon marché est nécessaire. Pour qu'il soit abondant, il faut, d'une part, que la population augmente – les mercantilistes sont populationnistes – et, d'autre part, qu'elle besogne. En ce qui concerne les marchands, il faut les attirer par les appâts du profit, encourager l'amour et la recherche du profit ; on est ici fort éloigné d'Aristote et de saint Thomas d'Aquin ! Quant aux hommes du peuple, il faut les forcer à travailler. Nous avons déjà évoqué le sort, en Angleterre, de ces dizaines de milliers de paysans, hommes, femmes et enfants, chassés de leurs terres. Ils se transforment d'abord en vagabonds, puis sont arrêtés et enfermés dans des maisons de travail (*Work Houses*), où ils sont contraints au travail forcé. Plus tard, une fois « habitués » au labeur, ils iront vendre librement leur force de travail dans les industries naissantes. Ce travail abondant doit être bon marché. C'est pourquoi les mercantilistes proposent souvent de maintenir les salaires à un niveau bas, pour contraindre les travailleurs à trimer davantage.

Abondance d'*argent*. Au XVIe siècle, la conquête du Mexique et du Pérou, le pillage et l'exploitation des mines suscitent un afflux massif d'or et d'argent en Espagne d'abord, puis dans les autres pays européens. Les mercantilistes considèrent que cette abondance monétaire a des effets très favorables de stimulation de l'activité économique.

De nombreux auteurs mercantilistes défendent l'idée que *l'abondance monétaire permet de baisser le prix de l'argent*, c'est-à-dire le taux d'intérêt, de financer ainsi à coût réduit les investissements des industriels, et donc de les stimuler. Cette idée influencera au XVIIIe siècle le banquier Law, favorable à la mise en place d'un système de crédit et de circulation du papier-monnaie. Elle sera reprise à son compte au XXe siècle par Keynes, qui a rendu explicitement hommage aux mercantilistes sur ce point.

Certains mercantilistes, comme Bodin dans son livre de 1568, affirment par ailleurs que *l'accroissement de la quantité de monnaie en circulation suscite la hausse des prix*, ébauchant ce qui deviendra beaucoup plus tard la théorie quantitative de la monnaie. Le raisonnement est largement incomplet. En effet, ce n'est pas l'accroissement de la quantité de monnaie en circulation en tant que tel qui provoque la hausse des prix, mais une augmentation de la demande de biens permise par la quantité de monnaie supplémentaire en circulation, augmentation non suivie de celle de l'offre de biens. En d'autres termes, si l'offre de biens augmentait parallèlement à l'augmentation de la demande, il n'y aurait pas de hausse des prix. Il reste qu'est juste l'idée des mercantilistes selon laquelle la hausse des prix peut susciter une hausse des profits qui elle-même favorise le développement de l'activité économique.

Puisque l'abondance monétaire est une condition de la croissance, un problème se pose pour l'Europe, car elle est pauvre en mines d'or et d'argent, et l'or américain est quasi monopolisé par l'Espagne. Les mercantilistes remarquent alors qu'il existe un autre moyen pour un pays de se procurer de l'or et de l'argent : avoir une balance commerciale excédentaire. Si les exportations sont supérieures aux importations, les entrées d'or et d'argent dans le pays sont supérieures aux sorties, et la quantité de monnaie en circulation augmente.

L'*interventionnisme étatique* en matière de commerce extérieur est dès lors la troisième condition de la croissance.

L'État doit intervenir de façon générale dans la vie économique en créant des manufactures d'État et en accordant aides et subventions aux entrepreneurs privés. La politique de Colbert en France au XVIIe siècle en est une illustration parfaite. Si l'État doit intervenir plus particulièrement en matière de commerce extérieur, ce n'est pas seulement parce que l'abondance monétaire est favorable à l'activité économique, c'est aussi parce que le développement des exportations de produits manufacturés est lui-même favorable à l'essor de l'industrie nationale et de l'emploi.

À cet égard, les mercantilistes proposent trois types de mesures :

1. Restreindre, voire interdire, les exportations de produits bruts et de matières premières, afin d'en réserver l'usage aux manufactures nationales.
2. Restreindre les importations de produits manufacturés, afin de protéger les industries nationales.
3. Favoriser le développement des exportations de produits manufacturés. Les mercantilistes pensent en effet, argument aujourd'hui encore très moderne, que ce développement, en accroissant les débouchés, stimulera la production industrielle et l'emploi. C'est précisément parce qu'ils ont dans l'idée d'accroître les débouchés que les mercantilistes seront des partisans convaincus des conquêtes coloniales.

En conclusion, remarquons d'abord que, en recherchant les conditions de la richesse et de la croissance, les mercantilistes ont orienté l'exploration vers des questions spécifiquement économiques. Mais, même s'ils ont été conduits à présenter de fort intéressantes analyses, ils ont peu théorisé, peu conceptualisé. Leur préoccupation demeure essentiellement pratique – donner des conseils de politique économique au souverain – et leur démarche est pragmatique en ce sens qu'ils retiennent certaines prescriptions en fonction de leur efficacité et non en application d'un modèle théorique préétabli. Remarquons enfin qu'ils expriment particulièrement bien le nouvel état d'esprit qui se développe alors, celui d'un homme qui fait preuve d'un grand pouvoir créateur en matière de technique et d'économie, mais qui ne se soucie pas de fonder une société capable de répondre à l'idéal antique d'amitié entre les citoyens. La lutte pour les débouchés entre manufacturiers, l'aggravation du sort de la majeure partie du peuple, le développement des conquêtes coloniales, le pillage des ressources et l'esclavage, manifestent ouvertement ce désintérêt. Les mercantilistes louent et expriment sans réserve le nouvel esprit de leur temps.

Une critique sociale : Thomas More

Les idées mercantilistes, surtout les phénomènes qu'elles décrivent et encouragent, la naissance et le développement du capitalisme, suscitent dès cette époque une critique sociale très vive.

L'une d'elles est l'œuvre, au XVIe siècle, de Thomas More, qui fut en Angleterre chancelier du roi

Henri VIII, avant d'être décapité sur son ordre pour avoir refusé de lui prêter serment lors de sa rupture avec le pape. En 1516, Thomas More écrit un livre, *L'Utopie*, qui développe une sévère critique de la société capitaliste en formation en Angleterre, et propose un projet de société communiste.

Thomas More dénonce très vivement la politique dite des *enclosures*, qui chasse de leurs terres des dizaines de milliers de paysans et remplace l'agriculture par l'élevage de moutons et la production de laine brute destinée à l'industrie lainière naissante. L'Angleterre, dit-il, est le seul pays où les moutons mangent les hommes. Il dénonce les conséquences sociales de cette politique, qui transforme les paysans en vagabonds, en mendiants, en voleurs. Il décrit et dénonce avec la même vigueur l'exploitation des classes pauvres par les riches, qui tirent d'elles le plus de travail et de profit possibles, pour les laisser ensuite mourir de faim lorsqu'elles ne sont plus en état de travailler. Il conteste enfin la philosophie libérale qui voit dans l'État le représentant de l'intérêt général. En réalité, soutient-il, l'État défend les intérêts des classes riches.

Thomas More pense que tous ces maux sont liés à la propriété privée. Il présente un projet de société communiste dans lequel il décrit une île bienheureuse nommée Utopie. Il est l'inventeur du terme utopie, qui vient du grec et signifie « sans lieu », c'est-à-dire qui n'existe pas ailleurs que dans l'imagination.

L'organisation économique et sociale de l'île d'Utopie est une intéressante préfiguration de conceptions qui se développeront au XIXe siècle dans la pensée socialiste. Elle est fondée sur quatre grands principes :

1. La propriété est commune, tout appartient à tous. Les maisons changent d'habitants par tirage au sort tous les dix ans, et leurs portes n'ont pas de serrure.
2. Tout le monde travaille, ce qui permet de diminuer la durée du labeur. La journée de travail est de six heures. Par ailleurs, personne n'est spécialisé dans un emploi particulier. C'est, dirions-nous aujourd'hui, la fin de la division du travail.
3. La grande tâche du gouvernement est de diriger la production et la répartition des biens. L'économie est planifiée.
4. Les biens étant disponibles en abondance, ils sont distribués gratuitement ; la nécessité de l'achat/vente sur un marché, et donc de l'argent, disparaît, et la répartition s'effectue selon le principe « à chacun selon ses besoins » : chacun vient chercher dans les greniers et les entrepôts publics ce dont il a besoin et l'emporte sans paiement.

II. L'apparition du libéralisme économique

À partir de la fin du XVIIe siècle, les réglementations étatiques existantes, en particulier les règles de fonctionnement des corporations, gênent considérablement l'initiative économique de la jeune bourgeoisie. Les thèses mercantilistes sont de plus en plus contestées. Le contexte intellectuel est favorable à cette contestation. Ainsi, par exemple, le philosophe anglais John Locke défend l'idée qu'il existe des droits naturels de l'individu que la société, et en particulier le souverain, doit respecter. Apparaît alors l'idée que l'économie est elle-même régie par des mécanismes naturels et qu'aucun obstacle ne doit être opposé au jeu de ces mécanismes naturels si l'on veut que l'économie fonctionne bien. Ainsi se développe la doctrine du libéralisme économique, qui s'oppose à l'interventionnisme étatique des mercantilistes en matière de politique étatique industrielle ou de commerce extérieur.

François Quesnay et les physiocrates – de la physiocratie, terme forgé par l'un d'entre eux et qui signifie en grec « gouvernement de la nature » – forment une véritable école et illustrent fort bien, au milieu du XVIIIe siècle, cette nouvelle doctrine.

Quesnay, chirurgien de Louis XV et dont le soin accordé à une terre qu'il acquiert en 1755 est le point départ de son œuvre économique, dirige une véritable école de pensée, les physiocrates. Son principal ouvrage, qui doit être considéré comme l'une des œuvres majeures de la pensée économique, intitulé *Tableau économique*, paraît en 1758.

Il cherche à découvrir les lois économiques qui régissent le fonctionnement de la machine économique. Il part de l'idée qu'il existe un ordre naturel régi par des lois qu'il faut respecter. C'est dans sa quête de ces lois économiques, dont le respect assurera la prospérité de l'agriculture, base de la prospérité du royaume, que Quesnay présente une analyse en termes de circuit qui met en lumière les interdépendances entre ce que nous appelons aujourd'hui production nationale, revenu national, dépense nationale. Il élabore une théorie de la production et de la circulation des richesses qui sera saluée tant par Marx que par Keynes.

Une problématique de l'ordre naturel

La démonstration des physiocrates se fonde sur la conception d'un ordre naturel qui est le meilleur possible et qu'il convient de suivre. En ce qui concerne l'organisation économique de la société, l'ordre naturel est celui qui s'établit spontanément lorsqu'on respecte et laisse se manifester les lois économiques, qui sont des lois naturelles, universelles et immuables, comme les lois de la physique.

Cette conception de l'ordre naturel conduit Quesnay et les physiocrates à défendre deux grands principes :

– le *droit de propriété*, droit naturel qui assure la meilleure production possible ;

– la *liberté économique*, qui permettra à chacun de rechercher son plus grand avantage, moyen le plus sûr de réaliser l'intérêt général. Ainsi est exprimé ce qui sera et demeure encore la base du libéralisme économique : la libre recherche des intérêts individuels comme moyen de satisfaction de l'intérêt général.

Reste maintenant à découvrir ces lois économiques que l'on doit respecter.

Une théorie de la production et de la circulation des richesses

Quesnay divise la société en trois secteurs de production – l'agriculture, l'industrie, le commerce – et en trois classes sociales – la classe productive, la classe stérile, la classe des propriétaires fonciers.

Dans l'agriculture, la production est assurée par la terre et par ce que Quesnay appelle les « avances », c'est-à-dire les dépenses d'investissement en capital. La terre fournit ce qu'il qualifie de « don gratuit », la fertilité du sol, qui, dit-il, permet de multiplier les richesses. L'épi issu du grain en est le symbole. Pour produire, il faut aussi faire des avances, dépenses d'investissement, et Quesnay est le premier à préciser les divers types de dépenses en capital et leur rôle. Il distingue en effet les « avances foncières », dépenses en capital fixe, dirions-nous, engagées par la classe des propriétaires fonciers pour défricher la terre et rendre le sol apte à la culture ; les « avances primitives », dépenses en capital fixe également, consacrées par la classe productive, et plus précisément par les fermiers, à l'achat d'équipements et à la construction de bâtiments ; enfin, les « avances annuelles », dépenses en capital circulant renouvelées chaque année, consacrées par ces mêmes fermiers à l'achat de matières premières (semailles, engrais...) et au paiement des travailleurs agricoles. Si l'on fait maintenant la différence entre la valeur annuelle de la production agricole et les dépenses en capital faites pour produire, on s'aperçoit qu'il existe dans l'agriculture un surplus dû au « don gratuit » de la terre. C'est le « produit net ».

Nous avons donc :

valeur annuelle de la production agricole = valeur des biens d'équipement, pour la part utilisée dans l'année (c'est ce que nous appelons valeur du capital fixe dépensé et que Quesnay appelle intérêt des avances primitives) + valeur des matières premières + valeur de la main-d'œuvre + produit net.

Dans l'industrie, la production est assurée par les seules avances, dépenses d'investissement en capital fixe et en capital circulant. L'industrie ne bénéficie pas du don gratuit dont profite l'agriculture. Il s'ensuit, selon Quesnay, qu'il n'y a pas dans l'industrie de création de produit net.

Nous avons donc :

valeur annuelle de la production industrielle = valeur des biens d'équipement, pour la part utilisée dans l'année + valeur des matières premières + valeur de la main-d'œuvre.

La valeur de la production industrielle est tout juste égale à la valeur de ce que l'industrie a dépensé. Il n'y a pas de création de valeur supplémentaire. C'est pourquoi Quesnay qualifie la classe de ceux qui travaillent dans l'industrie de classe stérile.

Quant au commerce, il est lui aussi improductif, c'est-à-dire qu'il ne crée aucun produit net, et ceux qui travaillent dans ce secteur font donc partie de la classe stérile.

Cette analyse de la production par Quesnay est tout à fait remarquable, mais elle renferme une grosse erreur. Remarquables sont la thèse selon laquelle la production dépend des investissements effectués et la distinction entre les différents types d'investissement, mais erronée est l'idée que seule l'agriculture est productive. En effet, la production d'un surplus, d'un produit net, pour reprendre l'expression de Quesnay, ne s'explique pas par un don gratuit de la terre, mais par la *productivité du travail.* Les producteurs, grâce à l'utilisation de biens d'équipement, accroissent la productivité de leur travail et peuvent ainsi produire davantage que ce qui est strictement nécessaire à la reconstitution du stock de biens d'équipement, matières premières et main-d'œuvre. Mais, si c'est là l'origine du surplus, il n'existe pas uniquement dans l'agriculture, mais aussi dans les autres secteurs de production. La classe qui produit dans l'industrie n'est donc pas stérile.

Après avoir ainsi analysé le processus de production, Quesnay présente une analyse tout aussi remarquable de la *re*-production, c'est-à-dire des conditions nécessaires pour que le processus de production, une fois effectué, se poursuive à l'identique ou sur une échelle élargie. Quesnay explique en effet, en prenant toujours l'exemple de l'agriculture, que, lorsque les fermiers ont à leur disposition l'argent qui provient de la production et de la vente des produits agricoles, ils peuvent utiliser une partie de cet argent pour reconstituer les avances primitives et les avances annuelles, c'est-à-dire se donner les moyens de redémarrer le processus de production avec un stock identique ou élargi de biens d'équipement, de matières premières et de main-d'œuvre. Une fois la reconstitution des avances effectuée, que Quesnay appelle la reprise des avances, reste la valeur du produit net. Celui-ci est alors versé par les fermiers aux propriétaires fonciers, qui eux-mêmes effectuent les avances foncières nécessaires elles aussi à la reproduction.

La théorie de la production et de la reproduction de Quesnay s'accompagne d'une théorie de la circulation des richesses entre les classes sociales, présentée dans le *Tableau économique*. Une première version, qualifiée par Quesnay de *zizac* (zigzag), fut présentée en 1758. Une autre, plus complète, le fut en 1766. C'est celle que nous reproduisons ici :

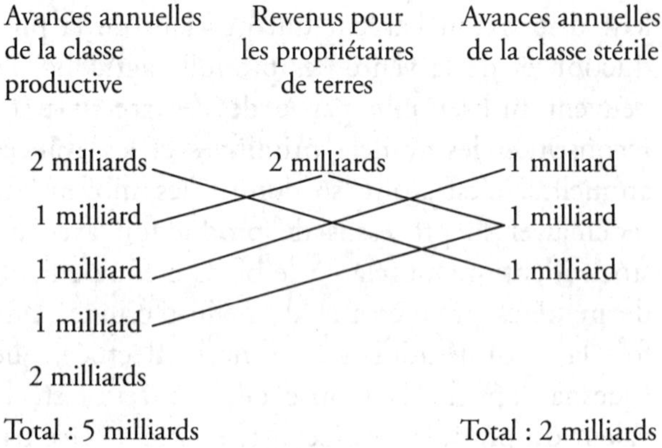

Ce tableau économique, au-delà des erreurs qu'il contient et qui tiennent pour l'essentiel à l'idée que seule l'agriculture est productive, est la première représentation, dans l'histoire de la pensée, du circuit économique. Il sera plus tard salué comme tel.

Comment le lire ?

Tout d'abord, les sommes que l'on trouve sur la première ligne représentent ce que les diverses classes possèdent au début de la période, sommes qui proviennent de la production de la période précédente.

Les avances annuelles dont disposent la classe productive (2 milliards) et la classe stérile (1 milliard) représentent, comme nous le savons, le capital circulant qu'elles détiennent au début de la période, qui provient des reprises effectuées à partir de la production de la période précédente et qui leur permet d'obtenir les matières premières et la main-d'œuvre nécessaires. Une différence soulignée par Quesnay lui-même : les avances annuelles de la classe stérile (1 milliard) sont composées de 1 milliard en argent ; au contraire, les avances annuelles de la classe productive (2 milliards) sont exprimées en argent, mais sont présentes en nature, sous forme de matières premières (semences, engrais...) et de biens de subsistance pour les agriculteurs qui travaillent et produisent. On remarquera par ailleurs que ne figurent pas dans le tableau les avances primitives et les avances foncières.

Les revenus pour les propriétaires de terres (2 milliards) représentent le produit net que la classe productive a versé aux propriétaires fonciers à partir de la production de la période précédente et qui est donc à leur disposition au début de cette nouvelle période.

Les lignes obliques inclinées dans le sens où circule la monnaie représentent les achats faits par les trois classes sociales.

Comment se fait la circulation ?

1. Le point de départ est la dépense, par les propriétaires fonciers, des 2 milliards dont ils disposent. Ils achètent 1 milliard de produits agricoles à la classe productive et 1 milliard de produits industriels et de services à la classe stérile. La classe des propriétaires fonciers donne ainsi l'impulsion à la circulation monétaire.

2. La classe productive, elle, achète 1 milliard de produits industriels à la classe stérile. Ici, Quesnay commet une erreur dans son tableau. En effet, si l'on suit la ligne qui part des 2 milliards d'avances annuelles, on pourrait croire que c'est avec cette somme que les agriculteurs achètent à la classe stérile. Or c'est impossible, puisque, comme nous l'avons vu, ces 2 milliards d'avances annuelles sont présentes non sous forme d'argent, mais en nature. En fait, la ligne diagonale devrait partir de l'un des milliards situé sous les 2 milliards d'avances annuelles, ce qui signifie que la classe productive achète pour 1 milliard à la classe stérile avec l'argent qui provient soit des achats des propriétaires fonciers, soit de ceux de la classe stérile. Par ailleurs, la classe productive utilise les 2 milliards d'avances annuelles qui sont à sa disposition en nature. Ces 2 milliards ne circulent pas entre les classes, mais à l'intérieur de la classe productive, les agriculteurs s'achetant entre eux des pro-

duits agricoles. On retrouve donc ces 2 milliards au bas de la colonne consacrée à la classe productive.

3. La classe stérile effectue 2 milliards d'achat à la classe productive pour se nourrir et disposer de matières brutes à transformer, par exemple la laine. Elle dépense son avance annuelle pour acheter un premier milliard aux agriculteurs et utilise le milliard qu'elle reçoit des propriétaires fonciers pour acheter un deuxième milliard aux agriculteurs.

Un dernier point concerne le tableau économique. Que signifient les deux totaux, 5 et 2 milliards ? Ils représentent les ressources dont disposent classe productive et classe stérile.

La classe productive dispose de 5 milliards : 2 milliards provenant de ses propres avances annuelles, 1 milliard qui provient des achats des propriétaires fonciers, et 2 milliards des achats de la classe stérile. Comme elle effectue sur ces 5 milliards des reprises de 3 milliards, 2 pour reconstituer ses avances annuelles et 1 pour reconstituer ses avances primitives sous forme d'achats à la classe stérile, il reste un surplus de 2 milliards, le produit net versé aux propriétaires fonciers.

La classe stérile dispose de 2 milliards : 1 milliard qui émane des achats des propriétaires fonciers et 1 milliard qui provient des achats de la classe productive. Comme elle dépense 2 milliards sous forme d'achats à la classe productive, il n'y a aucun surplus. On retrouve l'idée que seule l'agriculture est productive.

À partir de leur conception de l'ordre naturel et de leur théorie de la production et de la circulation, les physiocrates font des propositions de politique économique. Il s'agit, bien évidemment, de favoriser le développement de l'agriculture et la croissance du produit net qu'elle est seule à produire. Deux types de mesures sont préconisées :

1. Favoriser le développement des grandes exploitations agricoles utilisant les techniques les plus modernes de production.
2. Favoriser la liberté des échanges, en supprimant les taxes et douanes intérieures et en stimulant les exportations de denrées. L'argumentation des physiocrates est ici particulière. Ils attendent de cette liberté un accroissement des demandes interne et externe de denrées, lui-même susceptible d'entraîner une hausse du prix desdites denrées. Cette hausse permettra un accroissement en valeur absolue du produit net capté par les propriétaires fonciers, qui pourront ainsi accroître leurs dépenses en direction des classes productives et stériles, et en définitive stimuler l'ensemble de l'activité économique.

Si l'on veut synthétiser les avancées que l'économie politique a effectuées grâce à Quesnay, on peut dire que sa théorie de la production, de la reproduction et de la circulation des richesses met remarquablement bien en évidence le fait que, dans le système capitaliste, l'activité économique repose sur l'investissement des capitaux et sur leur reconstitution. Sa théorie montre que la circulation permanente du capital est le fondement du fonctionnement de ce système.

Encore devons-nous mettre en garde le lecteur lorsque nous parlons de système capitaliste à propos des physiocrates, et cela pour deux raisons.

Tout d'abord, bien que Quesnay donne à certains égards une bonne vision du fonctionnement de l'économie capitaliste, c'est d'un bien curieux capitalisme qu'il s'agit puisqu'il est... sans profit ! Dans l'agriculture, la valeur de la production est certes supérieure à la valeur des biens d'équipement, matières premières et main-d'œuvre utilisés ; il y a bien création d'une valeur supplémentaire. Mais celle-ci est totalement accaparée par les propriétaires fonciers sous forme de redevances versées par les fermiers. Or, si les fermiers versent en effet aux propriétaires fonciers une partie de la valeur supplémentaire créée, ils s'en approprient eux-mêmes une partie sous forme de profit et cela n'apparaît pas. Dans l'industrie, il est encore moins question de profit puisqu'il n'y a même pas création de valeur supplémentaire.

Certes, Quesnay explique dans un certain nombre d'articles que l'existence de profit pour les fermiers est une condition de fonctionnement de l'agriculture, mais il n'en reste pas moins que dans le tableau économique le profit n'existe pas.

Surtout, et c'est là le sens essentiel de notre mise en garde, Quesnay n'a pas la notion de système historiquement déterminé. Son souci de construire l'économie politique sur le modèle des sciences de la nature le conduit à penser que les lois économiques sont des lois *naturelles,* universelles, qui, en tant que telles, doivent être respectées. Quesnay ne voit donc pas que les lois économiques qu'il étudie sont des lois *historiques*, propres à un système économique et social historiquement déterminé : le système capitaliste. Ses successeurs immédiats, les économistes classiques, ne le verront pas davantage.

Chapitre 3

La révolution industrielle et le développement de l'économie politique classique

Fin du XVIIIe siècle – début du XIXe siècle

À la fin du XVIIIe siècle et au début du XIXe, de profondes transformations économiques et sociales voient le jour, d'abord en Grande-Bretagne. C'est l'époque de la Révolution industrielle.

Sont disponibles à la fois une masse importante de capital-argent concentrée dans les mains d'une bourgeoisie jusque-là essentiellement commerciale et financière et une masse de travailleurs prêts à vendre leur force de travail. Sur cette base, le capital-argent commence à s'investir massivement dans l'industrie, en utilisant cette force de travail. Il y révolutionne rapidement les moyens et procédés de production et promeut le machinisme, surtout dans l'industrie textile (utilisation des machines à filer et à tisser) et l'industrie métallurgique (passage de la fonte à bois au coke), le tout avec une production d'énergie elle-même révolutionnée par l'invention de la machine à vapeur (1774).

Parallèlement à ces profondes transformations économiques se produisent des bouleversements sociaux. L'urbanisation est en plein essor. La bourgeoisie industrielle prend une importance de plus en plus grande. Une classe laborieuse se développe, travaillant le plus souvent dans des conditions effroyables. Le machinisme fait des travailleurs de simples appendices de la machine. On recourt massivement au travail des femmes et des enfants. En France, il faudra attendre 1841 pour qu'une loi interdise le travail en usine des enfants de moins de huit ans. On travaille tous les jours, de douze à quinze heures quotidiennes. Les salaires sont le plus souvent proches du minimum vital. Droit de grève et organisations syndicales ne sont pas reconnus. Quant aux conditions de vie des ouvriers, elles sont particulièrement difficiles : malnutrition, maladies chroniques, logements insalubres.

Tel est donc le contexte économique et social dans lequel apparaît et se développe l'économie politique qualifiée de classique, une économie politique essentiellement britannique, ce qui n'est pas surprenant puisque la Révolution industrielle a commencé en Grande-Bretagne.

Nous retiendrons ici quatre auteurs :

– L'Écossais Adam Smith, professeur de philosophie et de morale, et auteur en 1759 de *Théorie des sentiments moraux*, est chronologiquement le premier représentant de l'économie politique classique. Son principal ouvrage, *Recherches sur la nature et les causes de la richesse des nations*, est écrit après un voyage en France, où une rencontre avec Quesnay le conduit à se consacrer à l'économie politique. Le livre paraît en 1776. Il traite de toutes les grandes questions économiques qui nous intéressent encore aujourd'hui : valeur et prix des marchandises, répartition des revenus, croissance, évolution à long terme du système.

Ses principaux successeurs immédiats, qui s'influencent ou se critiquent les uns les autres, sont :

– L'Anglais David Ricardo, agent de change à la Bourse de Londres, puis membre du Parlement, dont le principal ouvrage, *Principes de l'économie politique et de l'impôt*, paraît en 1817.

– L'Anglais Thomas Robert Malthus, pasteur, puis professeur d'économie politique, dont les deux principaux ouvrages, *Essai sur le principe de population* et *Principes d'économie politique*, paraissent respectivement en 1798 et 1820.

– Le Français Jean-Baptiste Say, industriel et

économiste, qui s'affirme comme le représentant des idées de Smith en France, et dont les deux principaux ouvrages, *Traité d'économie politique* et *Cours d'économie politique*, paraissent en 1804 et 1828-1830.

Pour étudier cette économie politique classique telle qu'elle est représentée par ces quatre auteurs, il nous faut distinguer deux aspects. L'un concerne l'attitude doctrinale : tous sont d'accord pour la défense du libéralisme économique ; l'autre concerne l'analyse économique : de profondes divergences existent entre eux.

I. L'attitude doctrinale – le libéralisme économique

Le point de vue doctrinal des classiques, qui se résume en un mot d'ordre – le libéralisme économique –, est élaboré par Smith, puis repris à leur compte par Ricardo, Malthus et Say.

La problématique de Smith est une problématique de la liberté naturelle et de l'intérêt individuel. C'est spontanément que le concours de ces deux principes tend à l'établissement de la meilleure organisation possible. La liberté naturelle, qui implique l'absence de réglementation étatique, donne à l'intérêt personnel la possibilité de se manifester, et c'est la recherche par chacun de la réalisation de cet intérêt personnel qui entraîne l'établissement spontané du meilleur état social. Les individus, en recherchant librement leur intérêt individuel, sont conduits par une *main invisible*, dit Smith, à la réalisation de l'intérêt général, et cela de façon bien plus efficace que s'ils avaient pour but explicite de le servir. Le marché, et plus précisément le jeu de la libre concurrence sur ce marché, est une condition nécessaire et suffisante pour que soit respecté l'intérêt général. Il n'est point besoin d'un État coercitif pour imposer l'ordre à des individus libres de rechercher la réalisation de leur propre intérêt particulier, le marché suffit. L'État, dans ces conditions, doit s'abstenir d'intervenir dans la vie économique et se contenter des tâches de défense et d'administration de la justice. La seule intervention économique de l'État jugée nécessaire par Smith est la construction et l'entretien des ouvrages publics, en d'autres termes des infrastructures, lorsque les particuliers ne trouvent pas de profit à le faire eux-mêmes.

Certes, Smith est très conscient du sort généralement effroyable des classes laborieuses. Il décrit parfaitement les rapports de forces entre industriels et ouvriers, entièrement à l'avantage des premiers. Il ne pense pas pour autant que l'intervention de l'État soit nécessaire pour remédier à cette situation sociale. La société fonctionne comme un organisme naturel et il ne faut surtout pas intervenir, afin de ne pas prendre le risque de dérégler son fonctionnement. En termes modernes on pourrait dire que pour Smith le libéralisme économique étant le système le plus apte à promouvoir la croissance, les salariés y trouveront leur intérêt à long terme, même s'ils souffrent dans l'immédiat.

Malgré les aspects sociaux de la Révolution industrielle, encore plus criants au début du XIXe siècle qu'au moment où écrivait Smith, les économistes classiques reprennent à leur compte ses thèses sur les bienfaits du libéralisme économique et de la non-intervention de l'État.

Prenons l'exemple de Malthus, qui, dans le domaine social, fait preuve du libéralisme le plus extrême. En 1798, dans son ouvrage *Essai sur le principe de population*, il s'oppose vivement à toute intervention de l'État dans le domaine social, en particulier aux lois sur les pauvres et au système d'assistance aux pauvres que l'Angleterre pratiquait alors. Son raisonnement s'appuie sur ce qu'il pense être une loi naturelle de la population, exprimée sous une forme mathématique élémentaire. La population s'accroît selon une progression géométrique, comme la suite 1, 2, 4, 8, 16..., tandis que les subsistances s'accroissent selon une progression arithmétique, comme la suite 1, 2, 3, 4, 5, 6... L'insuffisance des subsistances finit par freiner l'accroissement « naturel » de la population par la misère, la maladie, la famine, la mort prématurée, la guerre. Malthus réfléchit alors à un autre moyen de limiter l'accroissement de la population. Il se prononce pour un contrôle moral de l'instinct de reproduction. Ce contrôle, selon lui, est possible seulement dans une société inégalitaire, où il serait appliqué précisément à ceux qui n'ont pas les moyens de nourrir une famille nombreuse, c'est-à-dire les classes pauvres. Voilà pourquoi il s'oppose si vivement aux lois d'assistance aux pauvres. Ces lois, en permettant aux déshérités qui n'en ont pas les moyens de se marier, d'avoir des enfants qui à leur tour fonderont des familles misérables, contribuent à accroître la pauvreté au lieu de la diminuer. Les lois d'assistance aux nécessiteux créent les pauvres qu'elles assistent, déclare Malthus, thèse célèbre qui n'est pas sans résonance aujourd'hui même. Seul le respect de l'ordre libéral et de l'inégalité sociale, sans intervention de l'État, est donc susceptible, aux yeux de Malthus, d'entraver le développement de la population.

La thèse de Malthus sera accueillie très favorablement par les autres économistes classiques, Ricardo en particulier. Leur attachement à l'idée qu'un ordre naturel existe les empêche de voir qu'il n'y a pas de loi *naturelle* de la population. Taux de natalité et taux de mortalité dépendent de facteurs *sociaux* : organisation sociale, coutumes, degré de développement économique, religion, progrès de la médecine. Comment comprendre autrement, par exemple, la forte baisse du taux de natalité que connaissent les pays aujourd'hui développés ? Il n'existe pas de loi naturelle, unique, du développement de la population.

De façon plus générale, les économistes classiques considèrent comme naturelles, universelles et éternelles l'ensemble des lois économiques. Comme Quesnay et les physiocrates, les classiques ne conçoivent pas l'existence de systèmes économiques historiquement déterminés et ne voient pas que les lois économiques qu'ils étudient sont des lois historiques.

Il reste que l'étude de ces lois économiques les conduit à approfondir des analyses faites avant eux et à en présenter de nouvelles, dont certaines marquent un grand progrès dans la connaissance économique.

II. L'analyse économique des classiques

De très importantes divergences apparaissent ici entre économistes classiques. Elles concernent le problème de la valeur des marchandises, celui de la nature et de la répartition des revenus, et celui de la croissance et des crises.

La valeur des marchandises et la répartition des revenus

Sur cette question, nous avons d'un côté les analyses de Smith et de Ricardo, et de l'autre celles de Say.

Smith et Ricardo : théorie de la valeur-travail et répartition des revenus

Smith commence par expliquer que la richesse, constituée de tout ce qui est nécessaire et commode à la vie, est obtenue par le travail. Cela le conduit à rejeter la thèse erronée des physiocrates selon laquelle seule l'agriculture est productive. Puis il montre que l'accroissement de cette richesse est dû à celui des pouvoirs productifs du travail humain, lui-même lié aux progrès de la division du travail. Il prend l'exemple célèbre de la manufacture d'épingles. Si un ouvrier doit fabriquer une épingle entièrement seul, il en produira au mieux une par jour. Si l'on envisage maintenant une manufacture de dix ouvriers où le travail est divisé en dix-huit tâches différentes, la production sera de quelque cinq mille épingles par travailleur et par jour. La division du travail s'accompagne en effet de trois effets favorables : l'accroissement de l'habileté des travailleurs dû à leur spécialisation ; l'économie de temps, car ils ne passent pas d'un travail à un autre ; et l'utilisation plus fréquente de machines.

Puis, développant l'idée que la division du travail a elle-même sa source dans la propension des individus à échanger, Smith se pose le problème de la valeur d'échange des biens.

À cet égard, Smith, puis Ricardo, précisent et développent une théorie de la *valeur* des marchandises déjà présentée quelques années auparavant par un économiste anglais, William Petty, théorie dite de la valeur-travail, selon laquelle la valeur des marchandises dépend de la quantité de travail nécessaire pour les produire.

Ils commencent par établir une distinction, déjà faite par Aristote, entre la valeur d'usage des marchandises, leur utilité, et la valeur d'échange, rapport d'échange qui s'établit entre deux marchandises. La valeur d'usage est certes une condition nécessaire pour qu'existe la valeur d'échange, car si un bien n'a aucune utilité il ne trouvera pas d'acheteur et n'aura pas de valeur d'échange. Mais cette valeur d'échange n'est pas déterminée par la valeur d'usage, qui est propre à chaque marchandise et n'est donc pas un élément commun. Elle est déterminée par le travail effectué pour produire ces marchandises. Ricardo précise que dans ce travail il faut distinguer le travail directement effectué, par exemple le travail de ceux qui produisent des vêtements, et le travail indirectement effectué, c'est-à-dire la tâche de ceux qui produisent les machines utilisées pour produire les vêtements. Précision importante, car elle signifie qu'il n'y a qu'un seul facteur de production, le travail, et que les biens d'équipement ne sont pas un facteur de production supplémentaire qui s'ajouterait au travail et qui serait à mettre sur le même plan que lui. Ricardo précise également que la théorie de la valeur-travail n'est applicable qu'aux biens reproductibles par le labeur, qu'elle ne s'applique pas, par exemple, aux œuvres d'art, qui sont uniques.

Cette théorie de la valeur-travail conduit Smith et Ricardo à une présentation nouvelle de la détermination des prix. Celle-ci dépend essentiellement du coût en travail, qui détermine dans la sphère de la production la valeur que Smith et Ricardo appellent *prix naturel*. Puis, dans la sphère de l'échange, se fixe un *prix de marché* qui fluctue en fonction de l'offre et de la demande autour de cet axe constitué par le prix naturel. Smith et Ricardo ajoutent que les forces du marché, si on les laisse jouer librement, tendent à éliminer automatiquement les écarts entre l'offre et la demande, et donc entre prix naturels et prix de marché. Si par exemple, explique Ricardo, à un moment donné, dans une branche de production, la demande est supérieure à l'offre, le prix de marché sera supérieur au prix naturel. Dès lors, le taux de profit augmentera dans cette branche, attirant des capitaux nouveaux qui feront s'accroître l'offre et donc disparaître l'écart initial.

Reste que Smith et Ricardo se heurtent à une difficulté dans l'élaboration de leur théorie de la valeur-travail. Dans la valeur des marchandises, dans le prix naturel, il y a non seulement les salaires, proportionnels au travail accompli, mais aussi les profits, qui, à leurs yeux, ne rémunèrent aucun travail et sont proportionnels au capital dépensé. Voilà qui semble contradictoire avec l'idée que le travail est la seule source de la valeur et qui semble mettre à mal la théorie de la valeur-travail. Ni Smith ni Ricardo, pourtant conscients du problème, ne sauront le résoudre. Smith se contentera de dire que la théorie de la valeur-travail n'est valable que pour l'état primitif de la société, lorsque la production n'était assurée que par le travail. Ricardo, lui, dira que la théorie de la valeur-travail n'est qu'approximativement valable.

Cette difficulté n'empêche pas Smith et Ricardo d'utiliser la théorie de la valeur-travail pour en tirer des conclusions très importantes sur la *nature* et la *répartition des revenus.*

Ils distinguent trois revenus : salaire, profit et rente foncière.

L'analyse du *salaire* de Smith et Ricardo part de l'idée que le travail est une marchandise et que, comme toute marchandise, il a une valeur ou un prix naturel, appelé *salaire naturel*, et un prix de marché, appelé *salaire de marché*. Le salaire naturel est déterminé par le coût en travail de production des biens nécessaires à l'entretien des travailleurs et de leur famille. Il tend, dit Ricardo, à augmenter au fur et à mesure que se développent des besoins nouveaux ressentis par les travailleurs comme nécessaires à leur entretien. Le salaire de marché est celui qui se fixe réellement sur le marché et qui fluctue, en fonction de la demande et de l'offre de travail, autour de l'axe constitué par le salaire naturel. Dans la réalité, Ricardo, qui est un adepte de la loi de la population de Malthus, pense que l'offre de travail aura tendance à augmenter plus vite que la demande, ce qui aura pour effet de faire baisser les salaires.

Un dernier point concerne les salaires : la distinction faite par Smith entre les travailleurs productifs et improductifs. Pour les distinguer, Smith hésite entre deux critères. Le plus souvent, il estime que seuls sont productifs les travailleurs qui produisent des biens matériels, contrairement à ceux qui produisent des services. Mais parfois il retient un autre critère, celui de la production destinée à être vendue avec profit. Sont alors productifs les travailleurs qui participent à cette production, qu'il s'agisse de vendre des biens matériels ou des services. Au contraire, ceux qui produisent des services non vendus sur un marché, comme ceux que nous appelons aujourd'hui les fonctionnaires, ne sont pas des travailleurs productifs. Compte tenu de ce qu'est la production capitaliste, c'est-à-dire précisément une production destinée à être vendue avec profit, le deuxième critère retenu par Smith est, nous semble-t-il, beaucoup plus satisfaisant.

Étant donné que toute la valeur est créée par le travail, il s'ensuit fort logiquement que le *profit* est un prélèvement effectué par les propriétaires de capitaux sur cette valeur. Une partie de ce qui est créé par les travailleurs ne leur revient donc pas. Nous dirions qu'ils sont exploités. Smith précise bien que ce profit ne rémunère en rien un travail d'inspection et de direction. Cela, explique-t-il, apparaît très clairement dans les « grandes fabriques », où ce travail est effectué par ce que Smith appelle un « premier commis » et que nous appelons, nous, ingénieur, technicien et cadre. Ce « premier commis » est rémunéré par un salaire et non par le profit.

Quant à l'*intérêt du capital*, il n'est pour Smith qu'une partie du profit versée par les propriétaires d'entreprises à ceux qui leur prêtent des capitaux. Par conséquent, le taux d'intérêt doit normalement être inférieur au taux de profit.

La *rente foncière* perçue par les propriétaires fonciers est une partie du profit versée par les propriétaires de capitaux, ici les fermiers, aux propriétaires de terres. Comme le profit dont elle est issue, elle doit donc être considérée comme un prélèvement sur la valeur créée par les travailleurs agricoles. Si les propriétaires fonciers peuvent obtenir le versement de cette rente, c'est parce qu'ils sont, explique Smith, dans une situation de monopole due à la quantité limitée de terres. On est loin du « don gratuit » de Quesnay ! Ricardo, à la suite de travaux réalisés par Malthus, précisera remarquablement cette analyse, en présentant sa théorie de la « rente différentielle ». Au fur et à mesure de l'accroissement de la population, on met en culture des terres de moins en moins fertiles, sur lesquelles le coût de production est de plus en plus élevé. Comme il faut que ces terres moins fertiles soient elles aussi cultivées, le prix du blé, pour prendre cet exemple, sera déterminé par la terre la moins fertile, ce qui permettra aux propriétaires des terres les plus fertiles d'obtenir une rente foncière plus élevée, rente différentielle qui provient des différences entre les coûts de production des terres.

Les analyses de Smith et Ricardo sur la valeur, sur la nature et sur la répartition des revenus, en particulier l'analyse du profit et de la rente foncière comme prélèvements sur la valeur créée par le travail, expliquent une double attitude de leurs successeurs à leur égard.

Elles expliquent d'abord le jugement de Marx. Certes, pour Marx, Smith et Ricardo défendent et glorifient le système économique existant. Mais il n'en reste pas moins que leur comportement n'est pas pure apologie, puisqu'en définitive leurs analyses mettent en lumière l'existence de l'exploitation du travail par le capital.

Ces analyses de Smith et Ricardo expliquent aussi pourquoi l'économie politique dominante, à partir de la fin du XIXe siècle, abandonnera leurs théories de la valeur et de la répartition, Marx les ayant transformées en instruments de combat contre le système capitaliste. Elle se situera dans la lignée de Say, qui, bien que se définissant comme le représentant de Smith sur le continent, présente une théorie de la valeur et de la répartition totalement différente.

Say : théorie de la valeur-utilité et répartition des revenus

Say rejette la théorie de la valeur-travail et trouve son inspiration dans l'œuvre d'un contemporain français de Smith, l'abbé de Condillac. Il affirme que la valeur des biens est déterminée par leur utilité. Contrairement également à Smith et Ricardo, il ne fait pas la distinction entre valeur, ou prix naturel, et prix de marché. Pour lui, la détermination des prix dépend du seul jeu de l'offre et de la demande dans la sphère de l'échange, sur le marché. La sphère de la production n'intervient pas. Si un verre d'eau dans le désert a un prix très élevé, dit Say, c'est parce qu'il est très utile, et donc la valeur est déterminée par l'utilité. Say, apparemment, ne voit pas que si le prix du verre d'eau est très élevé, c'est parce que l'abondance de la demande a pour effet de faire monter le prix de marché bien au-dessus du prix naturel, ce qui ne signifie absolument pas que ce prix naturel soit lui-même déterminé par l'utilité.

Le rejet de la théorie de la valeur-travail et l'adoption de la théorie de la valeur-utilité ont pour conséquence ceci : aux yeux de Say, il n'existe pas un seul facteur de production créant de la valeur, le travail, mais trois : le travail, le capital et la terre. Say est alors conduit à une analyse de la nature et de la répartition des revenus également fort différente de celle de Smith et Ricardo.

Au centre de son analyse, un personnage qui n'existe pas chez Smith et Ricardo, l'entrepreneur. Certes, les fonctions généralement attribuées à l'entrepreneur, le travail de direction de l'entreprise, existent, mais elles sont exercées soit par le capitaliste, soit par des salariés (le premier commis de Smith). Il n'existe pas, pour Smith et Ricardo, d'entrepreneur qui ne serait ni capitaliste ni salarié. Pour Say, au contraire, ce personnage existe. Il exprime une demande de « services productifs », achetant aux travailleurs les services productifs du travail, aux propriétaires de capitaux les services productifs du capital, aux propriétaires fonciers les services productifs de la terre. Face à cet entrepreneur se trouvent ceux qui possèdent ces services productifs, travailleurs, propriétaires de capitaux et propriétaires fonciers, et qui les offrent. De cette confrontation entre offre et demande de services productifs naissent les trois revenus : salaire, intérêt du capital et rente foncière, qui sont donc les prix des services productifs.

Ces analyses sont fort critiquables.

En ce qui concerne le salaire, on ne peut que regretter la disparition de la distinction fructueuse faite par Smith et Ricardo entre salaire naturel et salaire de marché.

Quant au profit, on constate... qu'il a disparu ! Le revenu du capital, c'est l'intérêt. Cela est d'ailleurs cohérent, puisque pour Say le revenu du capital se détermine sur le marché par confrontation de l'offre et de la demande de services productifs du capital, ce qui laisse de côté la plus grande part du capital qui provient non des fonds empruntés sur le marché, mais des fonds propres : capital initial, augmentations de capital et autofinancement.

Une théorie de la répartition sans profit, voilà qui pose un sérieux problème. Il en est de même pour ce mystérieux personnage qu'est l'entrepreneur de Say, qui ne possède pas de capital, emprunte tous les fonds et n'est pas non plus un travailleur salarié. Mystérieux, car dans la réalité ce personnage n'existe pas. Dans la réalité, comme Smith l'a bien montré, nous avons des propriétaires de capitaux qui embauchent des travailleurs, qu'il s'agisse d'ouvriers ou de cadres effectuant le travail de direction (le premier commis). Pour Say, ce ne sont pas les propriétaires de capitaux qui embauchent les travailleurs ; c'est cet entrepreneur qui achète les services productifs du travail, comme il achète également ceux du capital. On voit que ce personnage a un grand avantage, qui explique le brillant avenir qui l'attend : faire croire que la situation dans la société des capitalistes et des travailleurs est essentiellement la même, puisqu'ils sont tous conduits à vendre leurs services productifs à l'entrepreneur, et sont donc dépendants de lui.

La croissance et les crises

La théorie de la croissance est pour les économistes classiques une question essentielle, puisque, ne l'oublions pas, c'est l'aptitude à promouvoir la croissance qui est, à leurs yeux, la justification du libéralisme économique.

Le point de départ des filiations et oppositions sur cette question est l'attitude de Smith, qui adopte deux points de vue contradictoires selon qu'il présente une théorie ou une histoire de la croissance. Say et Ricardo se situent dans la logique de la théorie de Smith, tandis que Malthus se situe dans celle de son histoire.

Smith : théorie et histoire de la croissance

Smith élabore une *théorie* qui fait de l'épargne la condition nécessaire et suffisante de la croissance. Celle-ci ne peut se heurter à des problèmes de débouchés insuffisants. Plus précisément, le raisonnement de Smith se développe en trois temps :

1. La croissance dépend de l'accumulation du capital.
2. L'accumulation du capital ne peut se produire que si une partie du revenu est épargnée. L'épargne, qui est essentiellement le fait de la classe des capitalistes, car le salaire perçu par les travailleurs est en général trop faible pour qu'ils puissent épargner, est donc une condition nécessaire au financement de l'accumulation du capital.
3. Non seulement l'épargne est une condition nécessaire de la croissance, mais elle en est aussi une condition suffisante, car elle est automatiquement dépensée. Cette troisième affirmation, contrairement aux deux premières, est fausse. Elle omet la possibilité que la partie épargnée du revenu soit trop élevée par rapport à la partie consacrée à la demande de biens de consommation. Dans ce cas, l'insuffisance de la demande de biens de consommation a pour effet de freiner

l'investissement de l'épargne. Les entreprises n'achèteront pas de biens d'équipement nouveaux pour accroître leur production de biens de consommation si la demande de ces biens est trop faible. L'épargne n'est pas automatiquement investie. Elle n'est donc pas la condition suffisante de la croissance.

Cette conception erronée de Smith est induite par une double erreur qui peut nous paraître curieuse aujourd'hui. Première erreur : l'idée que l'épargne se transforme totalement en une demande de biens de consommation, dans la mesure où elle est utilisée pour embaucher des travailleurs et leur payer des salaires qui seront à l'origine de cette demande. Assez curieusement, Smith ne voit pas que la partie épargnée et investie sert non seulement à verser des salaires aux travailleurs embauchés, mais donne aussi naissance à une demande de biens d'équipement. L'épargne étant, pour Smith, entièrement consommée, il ne voit pas que la demande de biens d'équipement risque, à un moment donné, d'être trop faible, en raison de l'insuffisance même de la demande de biens de consommation. La deuxième erreur concerne la conception de la monnaie. Pour Smith, la monnaie est unité de compte et instrument de circulation des marchandises. Il ne voit pas qu'elle peut aussi être réserve de valeur et donc demandée pour elle-même. Il ignore par conséquent qu'une partie de l'épargne est susceptible d'être thésaurisée et de créer ainsi un déficit de demande. Ces deux erreurs de Smith peuvent se résumer en une phrase : l'épargne est nécessairement dépensée, et sous forme de demande de biens de consommation.

En adoptant ce point de vue, Smith s'interdit de voir que la croissance peut, à un moment donné, être entravée par une insuffisance de la demande. À ses yeux, aucun problème de débouchés ne se pose. Il s'ensuit, par exemple, que le commerce international, s'il est jugé par Smith profitable à toutes les nations comme source de spécialisation et donc d'efficacité, n'est en rien une nécessité en termes de débouchés extérieurs, puisque par définition il ne peut pas y avoir de problèmes de débouchés.

Pourtant, lorsque Smith nous présente une *histoire* de la croissance des pays européens, il attribue cette fois un rôle très important aux débouchés extérieurs, reconnaissant implicitement que l'épargne n'est pas une condition suffisante de la croissance. Il insiste, en particulier, sur le rôle essentiel des marchés coloniaux, américains notamment, dans la stimulation du développement de l'industrie anglaise. Ces marchés, nous explique Smith, fournissent une demande supplémentaire pour le surplus de produits non vendus sur le marché intérieur, incitent même à produire ce surplus et donc permettent un développement de l'activité économique. Mieux encore : les débouchés extérieurs coloniaux non seulement stimulent directement l'industrie, mais en outre ils suscitent un élargissement du marché intérieur provenant des dépenses des ouvriers qui travaillent pour l'exportation. Ainsi le développement de l'activité intérieure se trouve-t-il être plus que proportionnel à l'accroissement initial dû aux débouchés extérieurs. Smith présente ici une ébauche de ce qu'on appellera plus tard le multiplicateur du commerce extérieur.

Say et Ricardo : la loi des débouchés

Say et Ricardo se situent, sur cette question de la croissance, dans la lignée de la théorie de Smith.

Pour eux, donc, l'épargne est la condition nécessaire et suffisante de la croissance. Et ils commettent les deux mêmes erreurs. L'épargne est nécessairement dépensée, la monnaie n'étant qu'un voile qui cache la réalité de l'échange produits contre produits, et cette épargne donne naissance à une demande de biens de consommation.

Say complète cette analyse par sa célèbre *loi des débouchés*, selon laquelle l'offre crée sa propre demande. L'idée est que la production dans l'ensemble des secteurs crée des revenus qui ouvrent par là même des débouchés à cette production. Cette loi des débouchés a pour conséquence que les crises générales de surproduction sont impossibles. Il peut simplement y avoir des désajustements sectoriels de sens inverse, qui tendront à disparaître automatiquement si on laisse jouer librement les forces du marché.

Cette loi des débouchés, avec son corollaire, l'impossibilité des crises générales de surproduction, est appelée à un grand avenir. Elle sera dominante, en dehors des courants socialistes, jusqu'à la crise de 1929 et les conséquences que Keynes en tirera. Dans l'immédiat, elle est explicitement approuvée par Ricardo. On notera chez lui un certain paradoxe dans son analyse du commerce international. En effet, d'un côté, Ricardo reprend et précise l'idée présente dans les théories de Smith et de Say selon laquelle le commerce international est utile, car la division internationale du travail permet d'accroître la productivité, mais, pour autant, les débouchés extérieurs ne sont en rien une nécessité. D'un autre côté, Ricardo s'est battu en Angleterre pour le libre-échange, guidé par l'idée de rendre moins chères les denrées et matières premières importées. Mais, en même temps, ce libre-échange, compte tenu de l'avance de l'Angleterre sur les autres pays en matière industrielle, était le meilleur moyen d'accroître les débouchés extérieurs pour l'industrie anglaise, sans craindre de perdre des marchés au bénéfice de ses concurrents. Parallèlement d'ailleurs, dans un pays comme l'Allemagne, alors en retard industriellement sur l'Angleterre, un économiste, Friedrich List, explique dans son principal ouvrage paru en 1840, *Système national d'économie politique*, que le libre-échange prôné par Ricardo est une machine de guerre au service de l'industrie anglaise et qu'un pays comme l'Allemagne, s'il veut développer son industrie, doit, dans un premier temps du moins, adopter une politique protectionniste.

Malthus : le rôle de la demande effective

Sur cette question de la croissance, Malthus s'oppose fermement aux thèses de Say et Ricardo et se situe dans la lignée de l'histoire de la croissance de Smith. Dès les années 1814-1817, Malthus, dans des lettres adressées à Ricardo, avait mis en cause la loi des débouchés et insisté sur le rôle moteur de la demande dans la croissance. La crise économique qui frappe l'Angleterre en 1817-1818 le renforce dans sa critique. Il en est de même dans l'ouvrage d'un économiste suisse, Sismondi, paru en 1819, *Nouveaux Principes d'éco-*

nomie politique, où l'auteur affirme que l'insuffisance de la demande de biens de consommation due à la faiblesse des salaires suscite périodiquement des crises de surproduction qui iront en s'aggravant. Malthus refuse donc l'idée que l'offre crée sa propre demande et affirme que l'épargne, condition nécessaire de la croissance, n'en est pas une condition suffisante. La croissance a comme première exigence l'existence d'une demande solvable suffisante, d'une « demande effective », dit-il, expression que reprendra Keynes un siècle plus tard. Si la demande solvable est suffisante, l'épargne dépensée entraînera une augmentation de la production, qui elle-même trouvera à se vendre. Mais, si la demande solvable est insuffisante, le surplus de production restera invendu. L'épargne, parce qu'excessive, se révélera néfaste. L'analyse conduit à reconnaître la possibilité de crises générales de surproduction dues à l'insuffisance de la demande globale. Afin que la demande soit suffisante et afin d'éviter les crises, Malthus préconise deux types de mesures. Il faut favoriser l'accroissement du nombre de consommateurs improductifs – domestiques, militaires, prêtres, enseignants... – c'est-à-dire qui ne produisent pas de biens, mais qui consomment. Il faut, par ailleurs, favoriser le développement des marchés extérieurs.

L'œuvre de Malthus sur cette question de la

croissance et des débouchés est beaucoup plus féconde que celle de Say et Ricardo. Malheureusement, il affaiblit sa position en commettant une erreur lorsqu'il veut expliquer théoriquement pourquoi la demande effective a tendance à être inférieure à la production. Les salaires, explique-t-il, sont entièrement consacrés à une demande de biens de consommation, mais les profits sont en partie épargnés. Il s'ensuit une sous-consommation. Malthus commet l'erreur de ne pas voir que la partie des profits épargnée, si elle est dépensée, suscite une demande de biens d'équipement qui s'ajoute à la demande de biens de consommation et qui peut permettre à la demande globale de se maintenir au niveau de l'offre globale. Par cette erreur, Malthus facilite la tâche de ses adversaires et, comme nous l'avons déjà souligné, l'orthodoxie de la loi des débouchés sera dominante jusqu'à Keynes.

Il reste un dernier point concernant l'analyse de la croissance par les économistes classiques. Smith puis Ricardo avancent l'idée que la croissance est un phénomène transitoire, qu'à long terme elle finira par s'essouffler, débouchant sur ce qu'ils appellent un « état stationnaire ». Pour l'expliquer, Ricardo se fonde sur la loi de la population de Malthus et sur la théorie de la rente différentielle. L'enchaînement est alors le suivant :

> Croissance de la population → mise en culture de terres de moins en moins fertiles → hausse du prix des subsistances → hausse du salaire nominal, afin que le salaire réel, déjà situé au minimum, reste stable → baisse des profits → arrêt de la croissance.

Il existe, ajoute Ricardo, trois moyens de lutter contre cette baisse du profit et l'arrivée de l'état stationnaire : des progrès techniques dans l'agriculture, freinant la hausse du prix des subsistances ; l'existence de colonies dont les terres fertiles peuvent, elles aussi, ralentir cette hausse ; l'abolition des droits de douane sur les importations de blé. Mais ces trois moyens ne feront que freiner l'évolution. La baisse du profit se produira et, avec elle, l'arrivée de l'état stationnaire.

L'économie politique classique, dont le fonds commun, au-delà des divergences analytiques, est l'assimilation des lois économiques à des lois naturelles, va subir deux grands types de critique.

Un premier type émane, dans la seconde moitié du XIXe siècle, de ce qui sera appelé l'École historique allemande. Ses membres estiment que l'étude de l'économie ne consiste pas à découvrir et à analyser des lois économiques, mais simplement à s'intéresser à l'histoire des faits économiques et sociaux. Ainsi, par réaction aux classiques qui prétendaient de façon abusive que les lois économiques étaient des lois naturelles, valables en tout temps et en tout lieu, les membres de l'École historique allemande rejettent l'idée même de lois économiques, niant l'existence d'une économie politique existant autrement que sous la forme d'une simple histoire des faits.

Un deuxième type de critique, fort différent, émane du courant socialiste.

Chapitre 4

La critique socialiste du capitalisme et de l'économie politique classique

XIXe siècle

L'Europe dans laquelle se développe l'économie politique classique est celle, nous le savons, de la Révolution industrielle. Les conditions de travail et de vie imposées aux ouvriers suscitent non seulement de nombreux mouvements sociaux, protestations, grèves, révoltes, mais aussi une réaction au niveau des idées. Il s'agit d'une réaction contre le développement du capitalisme et ses conséquences sociales. Se fait jour aussi une réaction contre l'économie politique classique, contre sa défense du libéralisme économique et sa caractérisation des lois de développement du système capitaliste vues comme des lois naturelles qu'il faut respecter.

Un premier courant regroupe, durant la première moitié du XIXe siècle, les représentants d'un socialisme pré-marxiste que Marx et Engels ont qualifié de socialisme utopique. Un deuxième courant est représenté par le socialisme de Marx.

I. Le socialisme utopique

Le socialisme utopique, renouant avec la tradition de Thomas More, propose des projets d'organisation communautaire de la société. Il le fait sous des formes extrêmement diverses que l'on peut regrouper sous trois rubriques :

Un socialisme associationniste, ignorant totalement l'État et développant la vision d'une société fondée sur la juxtaposition d'associations librement constituées entre de petits groupes d'individus. Les deux principaux représentants de ce courant sont, en Angleterre, Robert Owen et, en France, Charles Fourier.

Un socialisme qui préconise également l'association, mais l'association par l'État, qui jouerait dans ce domaine un rôle moteur. Ce courant est représenté en France par Louis Blanc et Constantin Pecqueur.

Un socialisme réformateur qui propose de résoudre la question sociale par le développement du mutualisme, défendu par Pierre Joseph Proudhon.

Ce socialisme utopique présente un certain nombre de caractéristiques générales. La critique de la société capitaliste est le plus souvent d'ordre moral. On pense possible de construire à l'intérieur même de la société capitaliste des îlots de société communautaire nouvelle. Enfin, cette société que les socialistes utopiques appellent de leurs vœux est décrite dans leurs ouvrages avec un très grand luxe de détails.

Un exemple : le socialisme utopique de Charles Fourier

L'œuvre de Fourier (ses principaux ouvrages sont *Théorie des quatre mouvements* – 1808, *Le Nouveau Monde industriel* – 1827, *La Fausse Industrie* – 1835-1836) illustre parfaitement le socialisme utopique.

La pensée de Fourier porte l'empreinte d'une imagination débordante, poétique, derrière laquelle il importe de reconnaître des idées nouvelles et fort intéressantes.

Il se livre d'abord à une critique du régime social existant, dans lequel le règne du libre marché conduit à produire sans se préoccuper de l'accroissement du niveau de vie des salariés, ce qui suscite misère, injustice et crises de surproduction. On jette aux égoûts des récoltes entières, alors que le peuple meurt de faim.

Il défend l'idée, nouvelle par rapport à la

croyance des économistes classiques en des lois naturelles, valables en tout temps et tout lieu, que l'histoire de l'humanité est celle d'une succession de phases distinctes. Est donc implicitement présente l'idée que les systèmes économiques et sociaux peuvent être fort différents et que les lois économiques sont des lois historiquement déterminées. Lorsqu'il précise quelles sont ces phases distinctes, il se laisse emporter par son imagination et les théories cosmogoniques qui sont monnaie courante à la fin du XVIIIe siècle. Il explique en effet que l'humanité est passée par cinq phases, l'étape primitive, la sauvagerie, le patriarcat, la barbarie et enfin la civilisation, qui est un fléau passager caractérisé par l'absence d'entente dans la production. Au-delà de la civilisation actuelle, Fourier prévoit une période heureuse de trente-cinq mille ans, puis une période malheureuse de cinq mille ans qui verra la destruction de la Terre. L'âme humaine, immortelle, émigrera dans un autre monde.

Si l'on veut changer les hommes et leur comportement, c'est d'abord le milieu dans lequel ils vivent qu'il faut modifier. L'idée, là aussi nouvelle et intéressante, est exprimée avec toute l'imagination de Fourier. Il explique que la loi essentielle qui régit les rapports entre les hommes est la loi de l'attraction, la même que celle qui régit l'univers. Il ne faut donc pas réprimer les passions, mais au contraire leur permettre de s'épanouir et, à cette fin, changer le milieu dans lequel vit l'homme.

Fourier, enfin, propose une solution au problème social : la constitution de petites communautés qu'il appelle *phalanstères*. Les caractéristiques de ces phalanstères les rapprochent, sur certains points, de l'île Utopie de Thomas More. Dans les phalanstères, petites communautés qui comptent 1 600 personnes, 800 hommes et 800 femmes, la production est abondante, qu'il s'agisse de la production agricole ou de la production industrielle. Celle-ci est disséminée dans les divers phalanstères, au lieu d'être concentrée dans des villes où s'amoncellent des fourmilières de misérables. La division du travail n'existe plus, chacun change fréquemment d'occupation au long du jour, ce qui satisfait la « papillone ». L'éducation est assurée à tous. Grâce à l'abondance qui permet à chacun de recevoir tout ce dont il a besoin, de profonds changements se produisent dans la mentalité et la psychologie d'hommes débarrassés de la peur de manquer. L'être humain n'est plus mû par l'intérêt personnel, mais par le service de la société. Il n'y a plus besoin d'armée et de police. Le changement de milieu dans lequel vit l'homme aura pour effet de transformer non seulement sa mentalité, mais aussi son physique. Sa taille atteindra 2,20 mètres, une modification des ventricules se produira, de sorte que l'homme pourra aussi bien vivre sous l'eau qu'en dehors. Enfin, les habitants de la terre entreront en communication avec ceux d'autres planètes, et l'on passera ainsi de l'harmonie terrestre à l'harmonie universelle.

Si de nombreuses idées de Fourier sont donc à la fois nouvelles et dignes d'intérêt, il n'en demeure pas moins fondamentalement un socialiste utopique en ce sens qu'il a cru possible de transformer profondément la société en construisant à l'intérieur même de la société capitaliste des îlots communautaires radicalement différents, et que le seul moyen qu'il a conçu pour passer de la société existante à la société du phalanstère était un financement par un mécène.

Les disciples de Fourier sont peu nombreux. Il en existe cependant, qui tentèrent de créer des communautés de type fouriériste. Victor Considérant, par exemple, créa en 1855, au Texas, un phalanstère qui périclita rapidement.

II. Le socialisme de Karl Marx

L'œuvre de Marx est multiforme. C'est une œuvre de philosophe, de sociologue, d'historien, d'économiste, de militant aussi, puisqu'il a consacré une grande partie de son énergie à l'organisation du mouvement ouvrier.

Ses principaux ouvrages sont : *Manuscrits économico-philosophiques*, de 1844 ; *L'Idéologie allemande*, paru en 1846 ; *Le Manifeste du parti communiste*, écrit avec Engels et paru en 1847 ; *Fondements de la critique de l'économie politique*, écrit en 1857-1858 et non publié du vivant de Marx ; enfin *Le Capital*, dont seul le premier livre paraît de son vivant, en 1867, les livres II et III ayant été publiés par Engels après sa mort.

Dès 1844, dans *Manuscrits économico-philosophiques*, Marx, à une époque où il n'a pas encore vraiment découvert l'économie politique classique, présente déjà une très vive critique de la société capitaliste, caractérisée par l'existence d'un travail aliéné, et cela sous trois formes. Le produit du travail du travailleur ne lui appartient pas, il lui est donc étranger. L'organisation de son travail lui est également étrangère, car ce n'est pas lui qui la décide. Enfin, le travail n'est pas la satisfaction d'un besoin, mais seulement un moyen de satisfaire un certain nombre de besoins essentiels en dehors du travail. Marx explique que la condition pour en finir avec ce travail aliéné est l'abolition de la propriété privée des moyens de production, la fin de la production marchande et de la monnaie, et la construction d'une société de « libres producteurs associés ».

La découverte de l'économie politique classique, et en particulier la théorie de la valeur-travail de Smith et Ricardo, fait comprendre à Marx toute l'importance de l'économie politique. Celle-ci, explique-t-il, permet de découvrir « *l'anatomie de la société bourgeoise* », connaissance qui permet de mieux lutter contre le système capitaliste et de hâter sa disparition.

Marx, bien qu'il considère comme très importante l'économie politique et qu'il s'inspire des théories de la valeur et de la répartition de Smith et Ricardo, se démarque profondément d'eux en affirmant que les catégories économiques – valeur, prix, salaire, profit, capital – et les lois économiques qui commandent la valeur, la répartition des revenus, la croissance ou les crises ont un caractère historique. Ces lois économiques, loin d'être des lois naturelles, sont des lois *historiques* propres à la forme spécifique d'organisation sociale qu'est la production capitaliste. La production marchande et *a fortiori* la production capitaliste, qui étend à la force de travail le statut de marchandise, sont des formes historiques de production. Il y a eu dans l'histoire d'autres formes sociales d'organisation de la production, et il y en aura d'autres, pense Marx, puisque pour lui la société socialiste doit se caractériser par la disparition de la production capitaliste et même par la disparition progressive de la production marchande. L'économie politique, qui étudie les lois économiques du système capitaliste, est elle-même une science historique née avec la production marchande et qui disparaîtra avec elle. C'est le sens qu'il faut donner au sous-titre du *Capital*, « Critique de l'économie politique ». L'économie politique est importante, mais, comme la production marchande dont elle étudie les lois, elle ne sera pas éternelle.

L'économie politique de Marx se donne pour tâche de comprendre la nature et le fonctionnement contradictoire du système capitaliste. Marx définit également quelques grands principes qui permettent de caractériser sa conception de la construction d'une société socialiste.

La nature du système capitaliste

Lorsqu'une partie de ce qui est produit par ceux qui travaillent ne leur revient pas, mais revient à une autre partie de la société, on peut parler d'exploitation. Ainsi définie, l'exploitation existe dans d'autres sociétés que la société capitaliste. L'esclave et le paysan, dans la société féodale, sont exploités. La nature du système capitaliste se définit donc, aux yeux de Marx, par la forme *parti-*

culière qu'y revêt l'exploitation. Pour la dévoiler, Marx procède en deux temps. Il expose d'abord, à partir de la théorie de la valeur-travail de Smith et Ricardo, sa propre théorie de la valeur. Puis il présente sa théorie de la plus-value, qui est précisément pour lui l'analyse de la forme spécifique d'exploitation que subissent les travailleurs dans la société capitaliste.

La théorie de la valeur-travail

Si l'on s'en tient à ce qui s'observe sur le marché, la marchandise a un double caractère : elle est valeur d'usage et valeur d'échange, distinction faite par Smith et Ricardo et même déjà par Aristote.

La marchandise a une valeur d'usage, elle est utile, permettant de satisfaire un certain nombre de besoins. Elle est, à cet égard, le fruit de ce que Marx appelle des travaux concrets, c'est-à-dire des travaux spécifiques à la production de chaque valeur d'usage, qui sont différents les uns des autres. Le travail concret pour produire une chaise n'est pas le même que celui nécessaire pour produire des vêtements. Le produit, dans la production marchande, est destiné à être vendu. La marchandise se définit donc comme la forme sociale que revêt ce produit dans l'économie marchande. La valeur d'usage est ce qui, dans cette marchandise, est produit, matière permettant de satisfaire un besoin, quelle que soit la forme sociale de ce produit. Une chaise sert à s'asseoir, qu'elle soit donnée ou vendue.

Cette valeur d'usage est, nous dit Marx, le soutien matériel de la valeur d'échange, c'est-à-dire, comme l'avait déjà noté Ricardo, qu'elle est une condition nécessaire à l'existence de la valeur d'échange. Si un produit n'est d'aucune utilité pour personne, il ne sera pas vendu et n'aura donc pas de valeur d'échange.

Enfin, dire que la valeur d'usage est l'aspect matériel de la marchandise ne signifie pas, précise Marx, qu'elle se réduit à cet aspect matériel. En effet, elle a aussi un aspect social, en ce sens qu'elle porte la trace de la production marchande. La valeur d'usage d'un simple produit n'est pas la même que celle d'une marchandise. La valeur d'usage d'un produit est une valeur d'usage pour soi (autoconsommation) ou pour l'autre (don ou livraison obligatoire). Au contraire, la valeur d'usage d'une marchandise est uniquement une valeur d'usage pour l'autre, puisque par définition une marchandise est un produit destiné à être vendu. La valeur d'usage des marchandises, outre son aspect matériel, a donc des spécificités sociales dues aux caractéristiques de l'économie marchande.

La marchandise a une valeur d'échange. Elle se définit par le rapport quantitatif, la proportion dans laquelle elle s'échange avec une autre. Pour que ce rapport d'échange qui se manifeste sur le marché existe, il faut une qualité commune aux deux marchandises, comme l'avait déjà relevé Aristote. Cette qualité commune ne peut être la valeur d'usage, puisque comme telles les marchandises sont différentes les unes des autres. Cette qualité commune est la *valeur*, et la valeur elle-même a pour fondement le travail. Mais ce n'est pas tout.

Ce travail, qui crée la valeur, doit être le même travail quelles que soient les marchandises produites. Les marchandises qui s'échangent sont le fruit d'un travail identique et égal. Il ne peut donc s'agir des travaux concrets, qui sont, par définition, différents les uns des autres. Il pourrait alors s'agir d'un travail physiologique, la production de toute marchandise exigeant une dépense physiologique. Mais cette hypothèse, que semble parfois adopter Marx, pose un problème. En effet, on sait que pour Marx la valeur et la valeur d'échange sont des formes sociales qui n'existent que dans l'économie marchande. Dès lors, il est impossible d'imaginer que la valeur, forme particulière à l'économie marchande, soit créée par un travail physiologique qui, lui, existe dans toute forme de production. Il faut donc supposer que le travail physiologique n'est que la base matérielle du travail qui crée la valeur. Et, de fait, Marx se pose la question de savoir quelles sont les caractéristiques *sociales* du travail dans l'économie marchande qui le font s'exprimer inéluctablement sous forme de valeur. En se posant cette question, Marx rompt avec l'idée que c'est le travail physiologique qui crée la valeur. Il explique alors que le *travail social*, substance de la valeur, a, dans l'économie marchande, une *forme* et un *rôle* particuliers. Une forme particulière en ce que l'égalisation des travaux ne se fait pas directement, mais prend inéluctablement la forme, sur le marché, d'une égalisation des marchandises elles-mêmes. Un rôle particulier en ce que cette égalisation des travaux, qui se fait par l'intermédiaire de celle des marchandises sur le marché, transforme les travaux privés des producteurs marchands en travaux sociaux. C'est le marché, en acceptant la production de tel ou tel bien, qui transforme le travail privé du producteur en travail social, au sens de travail ayant produit une valeur d'usage et faisant partie intégrante de la masse de travail dont dispose la société.

Résumons. Si Marx s'était contenté de dire que le travail est la substance de la valeur, sa théorie aurait été à peu près la même que celle de Ricardo. Mais il va plus loin. Recherchant quel type de travail bien spécifique à l'économie marchande peut être la substance de la valeur, il nous montre qu'il s'agit d'un travail social ayant une forme et un rôle particuliers dans cette économie marchande. Le concept qui concentre les spécificités du travail, substance de la valeur, est celui de travail *abstrait*, car il fait abstraction des formes concrètes de travail donnant naissance aux valeurs d'usage. La théorie de la valeur de Marx, certes inspirée de celle de Ricardo, est cependant différente. La substance de la valeur n'est pas le travail, mais le travail abstrait.

Enfin, après avoir défini la substance de la valeur, Marx en définit la grandeur. C'est la quantité de travail abstrait fournie pour produire, et Marx précise : quantité de travail abstrait *socialement* nécessaire. Ce qui détermine à ses yeux la grandeur de valeur d'une marchandise dans une branche de production, ce n'est pas la quantité de travail effectivement fournie dans chaque entreprise, mais une quantité nécessaire socialement, c'est-à-dire en moyenne dans cette branche pour un niveau donné de développement du progrès technique. Cette quantité détermine elle-même la valeur moyenne.

Après avoir ainsi découvert sous la valeur

d'échange la valeur, puis le travail abstrait, Marx revient à une analyse plus précise de la valeur d'échange et nous présente la conception théorique qu'il a de la *monnaie*. Lorsque deux marchandises s'échangent, l'une a la forme relative, c'est-à-dire exprime sa valeur relativement à celle de l'autre, et cette autre a la forme équivalente, c'est-à-dire est là pour exprimer la valeur de la première. Pour que l'économie marchande puisse être généralisée, c'est-à-dire l'ensemble des produits échangés, il est nécessaire qu'une marchandise soit mise de côté par rapport aux autres, pour servir d'équivalent *général*. Cette marchandise choisie pour jouer le rôle d'équivalent général, et dans laquelle toutes les autres marchandises expriment leur grandeur de valeur, Marx l'appelle justement monnaie. C'est l'or et l'argent qui, historiquement, joueront ce rôle. La monnaie est donc pour Marx une forme de la valeur, une forme qui elle-même prendra d'autres formes que celle de marchandise-métal, en liaison avec les diverses fonctions de la monnaie : mesure des valeurs, moyen de circulation, réserve de valeurs, moyen de paiement.

En définissant la forme monnaie, Marx est conduit à présenter la forme prix, définie comme l'expression de la valeur relative d'une marchandise en monnaie. Il précise que l'existence même de cette forme prix implique la possibilité d'écarts entre prix et valeur d'échange. Ces écarts sont la conséquence du jeu de l'offre et de la demande sur le marché. Le prix, que Marx appelle prix de marché, fluctue en fonction des écarts entre offre et demande autour d'un axe constitué par la valeur, elle-même déterminée dans la sphère de la production. On retrouve ici une analyse déjà présente chez Smith et Ricardo.

La théorie de la plus-value

Ce que Marx appelle la circulation du capital se présente sous la forme d'un schéma :

$$\begin{array}{l} \quad\ \ T \\ A \rightarrow M \rightarrow P \rightarrow M' \rightarrow A' \\ \quad\ \ Mp \end{array}$$

Supposons un capitaliste industriel possesseur de l'argent A. Il achète des marchandises M, et plus précisément des moyens de production Mp et de la force de travail T. Il les achète à leur valeur. Il les utilise dans le processus de production, d'où sortent des marchandises M' qui ont une valeur supérieure à M, la différence (M' – M) étant la plus-value. Ces marchandises sont vendues à leur valeur A', supérieure à A, la différence (A' – A) étant la même que celle qui existe entre M' et M.

Ainsi voit-on que la plus-value naît en dehors

du processus de circulation des marchandises, puisqu'elle est créée dans le processus de production, mais grâce au processus de circulation des marchandises qui permet à l'industriel d'acheter et de vendre.

Le problème que l'on doit résoudre consiste à savoir comment cette plus-value peut naître dans le processus de production. Le secret de l'affaire, dit Marx, est qu'il existe sur le marché une marchandise qui est seule capable de créer plus de valeur qu'elle en a : la force de travail.

La force de travail

La force de travail des travailleurs est définie comme l'ensemble des facultés physiques et intellectuelles dont ils disposent et qu'ils doivent mettre en œuvre pour produire.

Dans la production capitaliste, cette force de travail est une marchandise vendue par le travailleur et achetée par le capitaliste. Comme toutes les marchandises, elle a une valeur et un prix.

Sa valeur est déterminée par la quantité de travail abstrait nécessaire pour produire les biens eux-mêmes nécessaires à l'entretien/reproduction de la force de travail. Cette valeur est composée de deux éléments, et ici nous retrouvons une analyse déjà ébauchée par Ricardo. Le premier est l'élément physiologique, c'est-à-dire le minimum de nourriture, de vêtements, de logement indispensable pour vivre. Le second est un élément social ou historique, composé de nouveaux biens dont les travailleurs estiment qu'ils doivent être incorporés à la valeur de leur force de travail au fur et à mesure que les besoins se développent.

Le salaire est l'expression monétaire de la valeur de la force de travail, il est son prix. Comme les prix de n'importe quelle autre marchandise, il peut s'écarter de la valeur de la force de travail. Il peut être supérieur ou inférieur, en fonction des luttes sociales, des rapports de forces, eux-mêmes en partie déterminés par des facteurs objectifs comme la situation sur le marché du travail.

Nous savons maintenant comment se détermine, pour Marx, la valeur de la force de travail. Supposons que le capitaliste industriel achète cette force de travail à sa valeur. Une fois achetée, elle est utilisée dans le processus de production. C'est là qu'elle crée la plus-value.

La création de plus-value

Marx reprend l'exemple du capitaliste industriel qui achète à leur valeur moyens de production, biens d'équipement, matières premières et force de travail. Pour simplifier le raisonnement, il prend en considération le seul travail quotidien d'un seul ouvrier.

Supposons donc que la grandeur de valeur de la force de travail de cet ouvrier soit égale à quatre heures de travail. Par ailleurs, cet ouvrier n'effectue que quatre heures de travail dans sa journée. Enfin, la grandeur de valeur des biens d'équipement et matières premières qu'il utilise pendant qu'il travaille quatre heures est égale à une heure de travail. Le capitaliste industriel a donc acheté à leur valeur des moyens de production et de la force de travail pour un coût de cinq heures de travail, une heure représentant la valeur des moyens de production et quatre heures la valeur de la force de travail. La valeur des marchandises produites est elle aussi égale à ces cinq heures de travail, une heure représentant la valeur des moyens de production et quatre heures la dépense de force de travail de l'ouvrier. Aucune plus-value n'est créée. Mais s'il suffit au capitaliste de payer à l'ouvrier l'équivalent de quatre heures de travail, en achetant sa force de travail à sa valeur, il peut la faire travailler davantage. Il peut, par exemple, faire dépenser par l'ouvrier huit heures de travail au lieu de quatre. La valeur des marchandises produites est alors égale à :

DEUX HEURES (valeur des moyens de production que l'ouvrier utilise pendant qu'il effectue huit heures de travail) + HUIT HEURES (temps de travail de l'ouvrier)

Ces huit heures se décomposent en quatre heures, qui correspondent à la valeur de la force de travail, et quatre heures supplémentaires, qui sont précisément la plus-value créée par la force de travail dans le processus de production. La plus-value est donc la différence entre la valeur créée par la force de travail, huit heures, et la valeur de la force de travail, quatre heures.

On voit que dans ce processus de création de plus-value les moyens de production et la force de travail se comportent différemment. Marx appelle *capital constant* l'argent qui achète les moyens de production, constant parce qu'il ne fait que transmettre sa valeur, deux heures, à la valeur des marchandises produites. Au contraire, l'argent qui achète la force de travail est appelé *capital variable*, parce que la force de travail non seulement transmet sa propre valeur à celle des marchandises produites, quatre heures, mais en plus ajoute une valeur supplémentaire, quatre heures.

On notera que pour Marx capital constant et capital variable ne sont pas assimilables à des stocks de moyens de production et de force de travail. De même que la marchandise est la forme sociale que revêt le produit dans l'économie marchande, le capital est la forme sociale que revêtent moyens de production et force de travail dans l'économie capitaliste. Assimiler, par exemple, le capital constant à un stock matériel de moyens de production, et non à une forme sociale, conduirait à faire d'un singe utilisant un bâton pour faire tomber des fruits un capitaliste !

Dans ce processus d'achat et d'utilisation de la force de travail, les travailleurs ne sont pas volés, mais exploités. Ils ne sont pas volés, car la force de travail est achetée à sa valeur. Certes, il peut arriver que la force de travail soit payée à un salaire inférieur à sa valeur. Dans ce cas, l'ouvrier est volé. Mais Marx explique que, pour bien comprendre l'essence même de la production capitaliste, il vaut mieux faire l'hypothèse que la force de travail est achetée à sa valeur. Dans ce cas, donc, il n'y a pas vol. Mais on ne saurait en rester là. Après avoir acheté à sa valeur la force de travail dans la sphère de la circulation, le capitaliste l'utilise dans celle de la production. Dans cette sphère, la force de travail crée une valeur supplémentaire que le capitaliste s'approprie gratuitement. L'ouvrier est exploité ; cette exploitation est mesurée par le taux de plus-value, rapport de la plus-value sur le capital variable : PL/V. Marx attire alors l'attention sur le rôle mystificateur du salaire. En effet, le paysan, qui, dans la société féodale, travaille une partie de sa journée pour le seigneur, sait parfaitement qu'il est exploité, qu'une partie de son travail est appropriée par un autre. Le salarié, au contraire, peut avoir l'illusion que sa rémunération paie tout son travail, alors que ce n'est pas le cas. Se confirme l'idée que l'exploitation peut prendre des formes différentes et que l'extorsion de plus-value est la forme *spécifique* que revêt l'exploitation dans l'économie capitaliste. Pour Marx, les esclaves ou les paysans de la société féodale sont bien évidemment exploités, mais ils ne créent pas de plus-value, c'est-à-dire que leur temps de travail gratuit est approprié différemment de celui des travailleurs salariés.

Comme les travailleurs ne sont pas volés lorsqu'ils vendent leur force de travail dans la *sphère du marché*, à condition bien sûr que celle-ci soit achetée à sa valeur, mais qu'ils sont exploités dans la *sphère de production*, on comprend pourquoi de nos jours l'expression économie de « marché » tend à se substituer à l'expression économie « capitaliste ». Il s'agit là tout simplement de masquer l'existence de l'exploitation.

Reste à déterminer quels sont les moyens à la disposition du capitaliste pour *accroître* le taux de plus-value, c'est-à-dire l'exploitation. En supposant toujours que la force de travail est payée à sa valeur, il existe, aux yeux de Marx, deux grands moyens. Reprenons le cas où la marchandise vaut C + V + PL, soit deux heures + quatre heures + quatre heures, l'ouvrier assurant huit heures de travail par jour.

Un premier moyen d'accroître le taux de plus-value, PL/V, est de faire effectuer à l'ouvrier davantage de travail, par exemple dix heures. Au lieu d'avoir : V + PL = quatre heures + quatre heures, nous avons donc : V + PL = quatre heures + six heures. Le taux de plus-value est passé de 100 % à 150 %. Pour faire effectuer plus de travail à l'ouvrier, le capitaliste peut augmenter soit la durée du travail, soit l'intensité par l'accélération des cadences. Marx appelle mécanisme de la plus-value absolue ce premier moyen d'accroître l'exploitation. Il se heurte à des limites à la fois physiologiques (impossibilité d'augmenter indéfiniment la durée et l'intensité du travail) et sociales (luttes ouvrières pour faire baisser durée et intensité du travail).

Un deuxième moyen d'accroître le taux de plus-value est ce que Marx appelle le mécanisme de la plus-value relative. Supposons cette fois que le temps de travail de l'ouvrier reste le même, soit huit heures. Ni la durée du travail ni son intensité ne peuvent augmenter. Il existe cependant un moyen d'obtenir un taux de plus-value plus élevé. Il relève du progrès technique. Si, grâce à ce progrès technique et à l'accroissement de la productivité du travail, seules deux heures de travail, au lieu de quatre, sont maintenant nécessaires pour produire les biens de consommation indispensables à l'entretien de la force de travail, la valeur de cette force de travail passe de quatre à deux heures. Cette baisse ne signifie pas une diminution du niveau de vie de l'ouvrier. Il consomme autant qu'avant. Mais la même quantité de biens de consommation est maintenant produite avec une durée de travail deux fois plus courte. Nous avons donc : V + PL = deux heures + six heures. Le partage relatif entre la valeur de la force de travail et la plus-value a changé. La hausse de la productivité du travail a permis celle du taux de plus-value, qui passe de 100 % à 300 %, sans dépense de travail supplémentaire de l'ouvrier. Ce deuxième moyen d'accroître le taux de plus-value peut lui-même se heurter à une limite sociale. En effet, la hausse de la productivité du travail peut, en cas de luttes sociales, ne pas revenir totalement au capitaliste, comme nous l'avons supposé, mais pour partie à l'ouvrier ; dans ce cas, la plus-value relative en sera d'autant réduite.

Armé de sa théorie de la valeur et de sa théorie de la plus-value, Marx peut maintenant tenter de résoudre un problème laissé sans solution par Smith et Ricardo dans l'élaboration de leur théorie de la valeur. Cela lui permet en même temps d'apporter une précision sur le processus d'exploitation.

La théorie des prix de production

On se souvient que Smith et Ricardo s'étaient heurtés à une difficulté particulière. Dans le prix naturel, il y a non seulement les salaires, proportionnels au travail effectué, mais aussi les profits qui ne rémunèrent aucun travail et qui sont proportionnels au capital, situation qui semble contradictoire avec la théorie de la valeur-travail.

Marx, pour tenter de surmonter cette difficulté, élabore sa théorie des prix de production. Nous n'en présenterons ici que les grandes lignes, sans entrer dans le détail des explications. L'idée est que les marchandises d'une branche de production ne se vendent pas à leur valeur moyenne : C + V + PL, mais à leur prix de production : C + V + PROFIT MOYEN. Le profit moyen est égal au produit de la totalité du capital avancé dans la branche par le taux de profit moyen de l'ensemble des branches, lui-même égal au rapport de la somme des plus-values sur la somme du capital avancé de l'ensemble des branches.

Il en ressort que les capitalistes des branches de production les plus modernes, qui utilisent par rapport aux capitalistes des autres branches relativement plus de moyens de production que de force de travail, vont toucher un profit moyen supérieur à la plus-value extraite de leurs propres travailleurs. Au contraire, les capitalistes des branches les plus archaïques, qui utilisent relativement moins de moyens de production que de force de travail, vont toucher un profit moyen inférieur à la plus-value extraite de leurs propres travailleurs. Ce processus peut être illustré par un exemple chiffré, en partant des hypothèses suivantes :

1. Il n'existe dans l'économie que deux branches de production.
2. La branche I dispose de 90 de capital constant avancé, c'est-à-dire a acheté 90 de moyens de production, dépense chaque année un dixième de ce capital constant, soit 9, et utilise 10 de capital variable, c'est-à-dire a acheté 10 de force de travail.
3. La branche II dispose de 80 de capital constant avancé, en dépense 2 chaque année, et utilise 20 de capital variable.
4. Le rapport capital constant avancé/capital variable, que Marx appelle composition organique du capital, reflète l'importance relative des moyens de production utilisés par rapport à la force de travail. Cette composition du capital est plus élevée dans la branche I, 90/10, que dans la branche II, 80/20. La branche I est la plus mécanisée.
5. Le taux de plus-value, PL/V, est le même dans les deux branches, 100 %. La plus-value est

donc égale à 10 dans la branche I et à 20 dans la branche II.

6. Le taux de profit moyen pour l'ensemble de l'économie est égal au rapport « somme des plus-values/somme des capitaux constants avancés et variables », soit 30/200, c'est-à-dire 15 %.

Nous pouvons donc maintenant construire le tableau illustratif suivant :

	Branche I	Branche II	Somme
Capital constant avancé (1)	90	80	
Capital constant dépensé (2)	9	2	
Capital variable (3)	10	20	
Plus-value (4)	10	20	30
Composition du capital (5) = (1)/(3)	9	4	
Valeur moyenne (6) = (2) + (3) + (4)	29	42	71
Profit moyen (7) = 15 % de (1) + (3)	15	15	30
Prix de production (8) = (2) + (3) + (7)	34	37	71
Transfert de plus-value (9) = (7) – (4)	+ 5	- 5	0

On constate que la somme des profits moyens de l'ensemble des branches est égale à la somme des plus-values, et que la somme des prix de production est égale à la somme des valeurs. La loi de la valeur n'est donc pas remise en question. L'ensemble des profits touchés par les capitalistes de toutes les branches n'a bien qu'une seule origine, la plus-value produite dans toutes ces branches, que Marx appelle la plus-value sociale. Il y a simplement une *sanction sociale* au bénéfice des capitalistes des branches modernes et au détriment des capitalistes des branches archaïques, sanction qui se manifeste par un transfert de plus-value en faveur des premiers et en défaveur des seconds.

Les profits réalisés par les capitalistes provenant de la plus-value sociale, Marx en conclut que l'exploitation a un caractère social. C'est au capital dans son ensemble que les travailleurs doivent faire face. L'exploitation n'est pas un fait individuel, c'est un fait de classe.

Le fonctionnement contradictoire du système capitaliste

Il existe dans le capitalisme, aux yeux de Marx, une tendance à l'accumulation du capital, c'est-à-dire à l'investissement d'une partie de la plus-value en achats de nouveaux moyens de production et force de travail. Cette tendance est liée à la lutte entre le capital et le travail telle qu'elle se manifeste dans le mécanisme de la plus-value relative née de la hausse de la productivité du travail. Il s'ensuit que cette hausse de la productivité et l'essor du progrès technique sont des caractéristiques essentielles du système capitaliste. Ce système, explique Marx, a développé les forces productives et le progrès technique à une échelle jamais atteinte auparavant par aucun autre système. Mais, en même temps, dans le système capitaliste, compte tenu de sa logique de fonctionnement, qui est de vendre avec profit, les moyens de développer la productivité et le progrès technique se transforment en moyens d'accroître l'exploitation et la domination des travailleurs. Par exemple, Marx souligne comment, au XIXe siècle, l'existence de machines plus perfectionnées a permis au capital d'accroître durée et intensité du travail, et de développer dans des conditions épouvantables le travail des femmes et des enfants. Marx souligne également que les mécanismes mêmes de l'organisation du travail dans l'entreprise capitaliste vont avoir pour effet d'accentuer la domination sur les ouvriers en les transformant en simples appendices de la machine parcellisés dans des tâches élémentaires.

Le fonctionnement contradictoire du système capitaliste se manifeste par ailleurs dans l'existence du chômage et des crises, qui ont eux-mêmes pour fondement une loi que Marx appelle *loi de baisse tendancielle du taux de profit.*

La loi de baisse tendancielle du taux de profit

Nous savons que le taux de profit est le rapport de la masse de plus-value créée par les travailleurs sur la masse du capital avancé, constant et variable. Il s'écrit donc :

PL/C + V

Ce rapport peut encore s'écrire, en divisant chacun de ses membres par V :

(PL/V)/(1+C/V)

Cette deuxième façon d'exposer le taux de profit a pour mérite de montrer clairement que son évolution dépend conjointement du taux de plus-value, PL/V, et du rapport C/V, composition-valeur du capital, qui reflète, rappelons-le, l'importance relative de la valeur des moyens de production utilisés par rapport à celle de la force de travail.

L'idée de Marx est qu'il existe une tendance à la hausse de la composition du capital, qui, à taux de plus-value constant, suscite une baisse du taux de profit. Cette hausse de la composition du capital provient elle-même de l'accroissement de la productivité du travail, fruit de la lutte capital-travail. Elle implique une augmentation de la masse des moyens de production utilisés et une tendance à substituer des machines aux travailleurs.

Cette loi de baisse du taux de profit n'est cependant pour Marx qu'une tendance, c'est-à-dire une loi dont la réalisation intégrale est arrêtée, ralentie, affaiblie. Il explique en effet qu'en même temps que s'exercent des forces dans le sens de la hausse de la composition-valeur, et donc dans celui de la baisse du taux de profit, d'autres forces, qu'il appelle *causes contrecarrantes*, jouent en sens inverse. Marx distingue deux types de causes contrecarrantes. Il y a d'abord des causes contrecarrantes internes à la loi ; elles procèdent de la hausse de la productivité du travail, c'est-à-dire de la force même qui pèse dans le sens de la baisse du taux de profit. En effet, cette hausse de la productivité du travail, qui agit dans le sens de la hausse de la composition-valeur et donc de la baisse du taux de profit, permet en même temps de produire à moindre coût les moyens de production et les biens de consommation nécessaires à l'entretien des travailleurs ; en d'autres termes, elle pèse dans le sens d'une baisse de la valeur du capital constant, C, et du capital variable, V, et donc dans celui de la hausse du taux de profit. Les causes contrecarrantes externes sont toutes celles qui ne procèdent pas de la hausse de la productivité, c'est-à-dire de la cause qui engendre la baisse du taux de profit.

Il peut s'agir de forces qui entraînent une baisse de la valeur du capital constant ou du capital variable, par exemple l'achat de matières premières ou de subsistances à bon marché dans les colonies. Il peut également s'agir de forces qui suscitent une hausse du taux de plus-value.

Marx estime que ces causes contrecarrantes se heurtent à des limites, ne serait-ce que parce qu'elles accélèrent l'accumulation du capital, qui favorise une nouvelle hausse de la composition du capital et donc la baisse du taux de profit. C'est pourquoi Marx estime que la loi de baisse du taux de profit n'est pas supprimée par ces causes contrecarrantes, mais simplement transformée en tendance. Remarquons ici que Marx n'explique pas vraiment pourquoi l'existence des causes contrecarrantes n'empêche pas de parler d'une loi de baisse du taux de profit. Certes, des forces se manifestent dans le fonctionnement du système capitaliste qui pèsent dans le sens d'une baisse du taux de profit, mais cela ne permet pas, nous semble-t-il, de parler d'une *loi* de baisse du taux de profit, même si on la qualifie de tendancielle. Quoi qu'il en soit, que la baisse du taux de profit soit le fruit d'une loi ou non, on admettra avec Marx qu'elle se trouve au cœur de l'explication du chômage et des crises.

Le chômage

L'accumulation du capital, explique Marx, s'accompagne de deux effets contradictoires sur l'emploi. Elle est assortie d'une hausse de la productivité du travail liée à la hausse de la composition-valeur du capital, C/V : on utilise de plus en plus de machines par rapport à la force de travail. À ce titre, l'accumulation du capital détruit des emplois. Mais en même temps elle signifie un accroissement de la masse de capital investi, c'est-à-dire une hausse de C + V, elle-même créatrice d'emplois. Le nombre d'emplois offerts aux travailleurs par les capitalistes résulte de ces deux effets contradictoires.

Pour que le progrès technique n'entraîne pas une baisse de la demande de force de travail, il faut donc que la masse de capital investi augmente. À quelles conditions cette augmentation se produira-t-elle ? Les capitalistes ne développeront l'investissement et n'augmenteront la production que si deux conditions propres au système capitaliste sont conjointement réunies : un taux de profit et des débouchés suffisants.

Marx en conclut que le chômage n'est pas la conséquence *naturelle* du progrès technique. Il en est la conséquence dans des conditions propres au système capitaliste, où en même temps que se développe ce progrès technique le taux de profit et/ou les débouchés sont insuffisants pour que les capitalistes décident d'accroître investissements et production.

Par ailleurs, Marx explique que le chômage peut jouer un double rôle positif pour les capitalistes. Il met en permanence à leur disposition une masse de main-d'œuvre, qu'il appelle armée de réserve industrielle, dont ils peuvent avoir besoin rapidement. Il pèse dans le rapport de forces sur le marché du travail au détriment des travailleurs.

Les crises

Marx commence par rappeler que dans l'économie marchande il y a un dédoublement de la valeur en marchandise et en argent. Ce dédoublement crée la possibilité de crises. La valeur doit non seulement être produite, mais aussi convertie en argent par la vente. Cette unité de la production et de la vente doit se réaliser, mais ne se produit pas nécessairement. Ainsi, alors que les crises pré-capitalistes étaient des crises de pénurie, des crises de sous-production de valeurs d'usage, la production marchande introduit la *possibilité* de crises de surproduction de valeurs.

L'explication de la *cause* des crises n'a été

qu'ébauchée par Marx. On trouve dans son œuvre deux explications qui sont en fait complémentaires.

La première caractérise les crises comme crises de suraccumulation du capital liée à la baisse du taux de profit. Périodiquement, la hausse de la composition-valeur du capital exerce ses effets, tandis que la hausse du taux de plus-value se heurte à des limites. Le taux de profit baisse. Il y a suraccumulation du capital, c'est-à-dire existence d'une pléthore de capital qui ne trouve pas d'occasions d'investissements rentables. Ainsi les crises apparaissent-elles comme le moment où les causes contrecarrantes de la baisse du taux de profit ne suffisent plus. Le taux de profit baisse dans la réalité.

La seconde explication caractérise les crises comme crises de surproduction de marchandises. Périodiquement se manifeste une contradiction. D'un côté existe une tendance à l'accumulation du capital et au développement de la production. De l'autre les capitalistes s'efforcent de limiter les salaires versés aux travailleurs et pèsent par là même sur la demande de biens de consommation. Certes, la demande de biens d'équipement vient s'ajouter à la demande de biens de consommation et peut compenser son insuffisance. Mais ce ne peut être que pour un temps, car la demande de biens d'équipement est en dernière analyse dépendante de celle de biens de consommation et limitée par elle. Périodiquement, donc, se produira une surproduction de marchandises, c'est-à-dire une pléthore de marchandises invendables à leur valeur sur le marché.

Ces deux grands types d'explication des crises doivent être considérées comme complémentaires. Les crises se manifestent en effet toujours dans leur déroulement par une baisse des taux de profit et par une insuffisance des débouchés, même si c'est l'une ou l'autre de ces contradictions qui est à l'origine de la crise. Elles sont à la fois des crises de suraccumulation du capital et de surproduction de marchandises.

Par ailleurs, les crises ont, aux yeux de Marx, une *fonction* dans le système capitaliste. Elles font apparaître des forces favorables à une nouvelle expansion de l'accumulation du capital. En particulier, en même temps qu'elles sont la manifestation d'une baisse du taux de profit, les crises créent des conditions favorables à son rétablissement. Baisses ou moindres augmentations de salaire, diminution du nombre de travailleurs en activité, fermetures d'usines, mise au rancart ou baisse des prix des biens d'équipement et des matières premières sont autant de forces qui provoquent une hausse du taux de plus-value ou une baisse de la valeur du capital, et donc une hausse du taux de profit.

La mise en lumière des contradictions qui caractérisent le fonctionnement du système capitaliste ne signifie pas, selon Marx, que le capitalisme s'effondrera tout seul. La connaissance de ces contradictions doit simplement permettre de mieux lutter contre le système, dans la perspective de le renverser par une révolution sociale. C'est après ce renversement que pourra se construire la société socialiste, puis communiste.

Le socialisme

Marx, contrairement aux socialistes utopiques, s'est refusé à entrer dans le détail de ce que devrait être une société socialiste. Il a néanmoins élaboré un certain nombre de principes de base que nous allons présenter en regroupant et en cherchant à interpréter les divers passages qui traitent de cette question dans son œuvre.

Au lendemain de la prise du pouvoir par les travailleurs, qui implique la destruction de l'État bourgeois et la construction d'un État ouvrier sur le modèle de la Commune de Paris, s'ouvre une période de transition entre le capitalisme et le socialisme.

La *société de transition du capitalisme au socialisme* a deux grandes caractéristiques.

Première caractéristique : il n'y a plus de rapports de production capitalistes. Ceux-ci sont supprimés dans la mesure où, sous l'égide du pouvoir politique exercé par les travailleurs, la propriété des moyens de production est collective et la production organisée par les producteurs associés. Plus précisément, les moyens de production et la force de travail ne sont plus achetés/vendus, mais répartis entre les branches de production par les producteurs associés. La force de travail n'est plus une marchandise. L'exploitation capitaliste disparaît. Les lois de fonctionnement du système capitaliste, en particulier la loi de baisse tendancielle du taux de profit, ne jouent plus.

Pour autant, deuxième caractéristique de la société de transition, les rapports de production ne sont pas socialistes, et cela pour deux raisons. D'abord, le développement des forces productives demeure insuffisant, quantitativement et qualitativement. Il est insuffisant quantitativement pour que règne l'abondance. De ce fait subsistent pour les biens de consommation toujours achetés/vendus sur un marché la production marchande et la loi de la valeur. Il est insuffisant qualitativement, dans la mesure où il est impossible de bouleverser du jour au lendemain une organisation du travail qui porte la marque des rapports de production capitalistes et qui se caractérise à ce titre, pour les ouvriers, par le caractère mutilant du travail. Si les rapports de production ne sont pas socialistes, c'est aussi pour une deuxième raison : l'impossibilité que du jour au lendemain le pouvoir politique soit exercé par l'ensemble des producteurs associés. Le supposer serait utopique.

Ni capitalistes ni socialistes, les rapports de production sont hybrides, caractéristiques d'une phase de transition.

La *société socialiste*, possible après cette phase de transition, se caractérise doublement. Cette fois, le développement des forces productives est suffisant quantitativement et qualitativement. Suffisant quantitativement pour que règne l'abondance, pour que disparaissent complètement la production marchande et la loi de la valeur. L'ensemble des biens est distribué gratuitement. Suffisant qualitativement en ce sens qu'il est possible de mettre en œuvre une nouvelle organisation du travail permettant à la fois la hausse de la productivité du travail et l'élimination du caractère mutilant du travail. La société socialiste se caractérise aussi par le fait que le pouvoir peut maintenant être exercé, à tous les niveaux de la société, par l'ensemble des producteurs associés, ce qui signifie un dépérissement, puis une disparition de l'État ouvrier lui-même. Cela dit, pour Marx, dans cette société socialiste ainsi caractérisée, le temps de travail reste encore le critère de la richesse et les biens sont distribués selon la norme « à chacun selon son travail ».

Enfin, la *société communiste* se définit, elle, par le développement des caractéristiques de la société socialiste à un point tel que la norme de distribution des richesses est maintenant « à chacun selon ses besoins ». Le critère de la richesse n'est d'ailleurs plus le temps de travail, qui paraît un moyen dérisoire d'accroître les richesses. On trouve ici quelques pages étonnantes de Marx qui constituent une véritable anticipation de ce que sera plus tard le développement de l'automation. Le nouveau critère de la richesse devient l'emploi du temps libre en vue de l'épanouissement de toutes les facultés de l'homme. C'est la fin de la division du travail.

Pour conclure sur ce point, nous dirons qu'il est certes possible de présenter la vision de Marx comme totalement utopique, et même dangereuse, si l'on estime que toute utopie, lorsqu'on veut la réaliser, est porteuse de lourds dangers. Mais, en tout état de cause, on ne peut en aucun cas assimiler la vision de Marx de la société communiste à ce qu'a été la réalité de l'URSS et des démocraties populaires, marquées par une féroce dictature politique et sociale exercée contre les travailleurs eux-mêmes, et par des millions de morts. Il y a d'ailleurs eu une curieuse conjonction d'intérêts pour procéder à cette assimilation. Avaient intérêt à cette assimilation les classes dominantes des pays capitalistes, qui combattaient le marxisme et se servaient de l'URSS comme d'un repoussoir. Avaient intérêt aussi à cette assimilation ceux qui en URSS et dans les démocraties populaires exerçaient leur dictature sur les travailleurs tout en se présentant, au nom du marxisme, comme leurs défenseurs.

C'est cette conjonction d'intérêts pour assimiler la vision de Marx à la réalité de l'URSS qui explique que le débat scientifique sur le marxisme ait été aussi pauvre et remplacé le plus souvent par l'adulation ou l'excommunication. Ni rire ni pleur, mais compréhension.

Chapitre 5

L'économie politique néo-classique

Fin du XIXe siècle – début du XXe siècle

Quelques années après la publication du premier livre du *Capital* (1867) se produit un événement très important dans l'histoire de la pensée économique. Une nouvelle école de pensée naît, qui sera qualifiée de néo-classique, terme qui prête à confusion, nous verrons pourquoi. Ses fondateurs, qui écrivent sans se concerter, sont au nombre de trois :

– L'Anglais Stanley Jevons, professeur d'économie politique à Manchester, qui publie en 1871 *Théorie de l'économie politique ;*

– L'Autrichien Carl Menger, professeur d'économie politique à Vienne, qui publie en 1871 *Fondements de l'économie politique ;*

– Le Français Léon Walras, professeur d'économie politique à Lausanne, qui publie en 1873 *Éléments d'économie politique pure*, qui sera suivi en 1896 par *Études d'économie sociale* et, en 1898, par *Études d'économie appliquée*.

Les trois fondateurs ont des successeurs immédiats, regroupés dans trois écoles, l'École de Lausanne, dont le principal représentant est l'Italien Vilfredo Pareto, qui prend la suite de Walras à l'université de Lausanne et qui publie en 1896 *Cours d'économie politique* et en 1906 *Manuel d'économie politique ;* l'École de Cambridge, dominée par Alfred Marshall, professeur à l'université et dont le principal ouvrage paraît en 1890, *Principes d'économie politique ;* l'École de Vienne, dont les principaux représentants immédiats sont Friedrich von Wieser, professeur à l'université, qui publie en 1884 *De l'origine et des lois de la valeur,* et Eugène Böhm-Bawerk, professeur et un temps ministre des Finances, dont le principal ouvrage, *Théorie positive du capital*, paraît en 1889.

Dans l'expression néo-classique, le qualificatif de classique se justifie dans la mesure où, comme les classiques, ces auteurs croyaient en la supériorité du libéralisme économique. Soumise à la libre concurrence, une économie de marché permet la situation optimale dans le meilleur des mondes possibles pour tous. Si la réalité ne correspond pas à cette situation optimale, c'est en raison d'*imperfections* qu'il faut tenter de supprimer. Walras distingue bien ce qu'il appelle *l'économie pure*, qui, comme la physique, permet de découvrir les lois naturelles de l'économie et nous montre que la libre concurrence est le meilleur moyen d'assurer le développement de la richesse, et l'*économie sociale et appliquée*, qui doit guider l'intervention de l'État pour que les lois naturelles de l'économie puissent s'exprimer.

Justifié lorsqu'il s'agit de défendre la supériorité du libéralisme économique, le qualificatif de classique ne se justifie plus du tout en matière d'analyse économique. En quelques années, les fondateurs de la nouvelle école bouleversent en effet les fondements analytiques de l'économie politique classique, du moins celle de Smith et de Ricardo, dont les théories de la valeur et de la répartition sont rejetées. Se situant dans la lignée de Say, ils créent les bases d'une nouvelle économie politique qui sera dominante jusqu'à Keynes et encore en grande partie de nos jours.

Face à l'abondance et à la diversité de la littérature économique des fondateurs de la théorie néo-classique et de leurs successeurs immédiats, nous nous contenterons ici de présenter leurs traits distinctifs généraux majeurs.

I. La conception et la méthode de l'économie politique

Avec Smith, Ricardo ou Marx, l'économie politique a un objet propre d'étude : les lois économiques qui commandent la production et la distribution des marchandises. Les néo-classiques engagent l'économie politique sur une autre voie, celle de sa disparition en tant que science ayant un objet propre. En effet, l'économie politique y est souvent considérée, pour reprendre la caractérisation avancée en 1932 par un économiste néo-classique, Lionel Robbins, comme une science qui étudie le comportement humain dans ses relations entre les objectifs recherchés et les moyens pour les réaliser, moyens qui sont en quantité limitée et parmi lesquels il faut choisir. Dans l'esprit de cette définition, l'économie politique ne s'intéresse plus à un certain domaine de l'activité humaine, celui de la production et de la distribution des marchandises, mais devient une simple logique du choix rationnel, applicable non seulement au domaine limité de la production et de la distribution des marchandises, mais aussi à toutes les activités humaines dans lesquelles un problème de calcul rationnel se pose, par exemple la stratégie militaire, la stratégie sportive ou la stratégie au jeu d'échecs. L'économie politique n'est plus une science ayant un objet propre. Même si Jevons, Menger et Walras ne sont pas allés jusqu'à cette destruction de l'économie politique, ils se sont engagés sur cette voie, transformant les lois économiques en simples principes indicateurs du comportement qui, indépendamment du domaine d'étude, garantit l'utilité ou la préférence maximale.

En liaison avec cette conception bien particulière de l'économie politique, les néo-classiques utilisent une méthode d'analyse spécifique.

Smith et Ricardo, Marx, et avant eux Quesnay et les physiocrates, avaient compris que la société se compose de classes sociales et que l'économie doit expliquer les lois qui régissent les phénomènes économiques au niveau macroéconomique de l'ensemble de la société. Ces phénomènes ne sont pas la simple somme de phénomènes individuels. Par exemple, une baisse des salaires dans une entreprise peut entraîner une baisse des coûts qui favorisera l'embauche, tandis que généralisée à l'ensemble de l'économie elle peut avoir pour effet une baisse de la demande globale de biens, ce qui provoquera chute de la production et licenciements. Chez les néo-classiques, il n'existe pas de classes sociales ou de groupes sociaux. La société ne se compose que d'individus ; par conséquent, les phénomènes économiques et sociaux ne peuvent être analysés qu'à partir des comportements de ces individus, libres et égaux, qui décident ou non de travailler, de consommer, de produire, et ce toujours dans l'intention de maximiser leur satisfaction, compte tenu des ressources dont ils disposent. Cette conception ouvrira la voie à une utilisation des techniques mathématiques qui ne fera que se développer par la suite, servant parfois à faire apparaître comme scientifique ce qui ne l'est pas nécessairement.

II. Les théories de la valeur et de la répartition

Valeur et utilité marginale

Après avoir rejeté la théorie de la valeur-travail, les néo-classiques adoptent le point de vue de Say : la valeur est déterminée par l'utilité. Ils y ajoutent une idée complémentaire qui sera leur marque : c'est l'utilité de la dernière unité consommée de chaque bien, appelée utilité *marginale*, qui détermine cette valeur. En effet, il n'est pas possible d'affirmer que c'est l'utilité totale des marchandises qui détermine leur valeur, car alors on ne comprendrait pas pourquoi des biens très utiles n'ont aucune valeur. En fait, la valeur provient de la seule utilité marginale, une utilité qui décroît au fur et à mesure de la consommation du bien. Plus précisément, les néo-classiques présentent ce qu'ils appellent la loi de l'égalisation des utilités marginales pondérées par les prix, qui préside au comportement d'achat du consommateur. Celui-ci tend normalement à se procurer des quantités de biens telles que les rapports des utilités marginales des biens soient égaux aux rapports de leurs prix, ce qui peut s'écrire, si l'on suppose deux biens : UA/PA = UB/PB, égalisation des utilités marginales pondérées par les prix. Tant que cette égalité n'est pas réalisée, le consommateur modifie sa demande de biens, ce qui entraîne des changements de prix. Par conséquent, l'explication de la valeur des biens n'est pas à rechercher du côté du coût de production en travail, mais de celui de la loi de l'égalisation des utilités marginales pondérées.

Quel que soit le jugement que l'on porte sur le comportement supposé du consommateur, il nous semble que l'explication néo-classique, en s'en tenant à la sphère de l'échange pour comprendre la détermination de la valeur, ne fait que fournir une explication du mouvement des prix de marché autour de la valeur, elle n'explique pas la valeur elle-même. En outre, remarquons que si à un moment donné l'utilité d'un bien augmente, suscitant l'accroissement de la demande, puis celui de l'offre, l'évolution de la valeur sera en fait dépendante de celle des coûts de production ; elle augmentera ou diminuera selon qu'ils seront croissants ou décroissants. Peut-être Walras a-t-il senti cette importance de la sphère de la production, lui qui a rejeté la théorie de la valeur-travail tout en précisant que la valeur est déterminée par la rareté, qu'il assimile malheureusement à l'utilité marginale, comme si la rareté n'était pas elle-même liée à une quantité de travail plus importante pour chercher et produire les biens réputés rares.

Il est un dernier point concernant la théorie de la valeur. Un auteur néo-classique, Alfred Marshall, a tenté une synthèse entre théorie de la valeur-travail et théorie de la valeur-utilité. Il distingue deux périodes, la courte période durant laquelle la capacité productive ne peut augmenter, et la longue période durant laquelle elle le peut. Dans la courte période, les marchandises sont déjà produites et présentes sur le marché. Les offreurs sont obligés de répondre aux exigences des demandeurs. Le prix qui se forme sur le marché, soumis à ces exigences, est alors déterminé par la demande, elle-même fonction de l'utilité. Dans la longue période, au contraire, le coût de production représente la limite au-dessous de laquelle le prix naturel, pour reprendre cette expression de Smith et Ricardo, ne peut descendre. En longue période, le prix naturel est déterminé par le coût. En fait, même si le raisonnement de Marshall est intéressant, il ne représente pas pour autant une synthèse des deux théories de la valeur. En effet, ce qui est décrit dans la longue période est bien une analyse de la valeur déterminée par le coût de production. Mais ce qui est décrit dans la courte période n'est pas une analyse de la valeur, c'est une explication de l'évolution des prix de marché en fonction de la demande, autour, dirions-nous, de l'axe constitué par la valeur.

La répartition

Comme pour la théorie de la valeur, les néo-classiques renouent avec les analyses de Say.

Il existe trois facteurs de production : le travail, le capital et la terre.

Ces facteurs de production créent des services productifs, les services du travail, les services du capital et les services de la terre, qui sont vendus par les individus qui les possèdent et achetés par l'entrepreneur.

À l'occasion de ces opérations d'achats/ventes de services productifs naissent les revenus, les salaires, l'intérêt et la rente foncière, qui sont donc déterminés par l'offre et la demande de services productifs.

Les néo-classiques ajoutent ici aussi un élément qui est leur marque : le principe marginal. Celui-ci est utilisé pour expliquer la détermination de l'offre et de la demande de services productifs et pour montrer que les prix de ces services sont proportionnels aux productivités marginales des facteurs de production.

Au centre du dispositif, un personnage que Say nous a déjà présenté, l'entrepreneur, mystérieux personnage qui ne possède pas de capital, mais qui n'est pas non plus un travailleur salarié. Nous renvoyons le lecteur à ce que nous avons déjà dit sur le caractère mythique, mais aussi mystificateur, de ce personnage. En face de cet entrepreneur, des individus déconnectés de toute réalité sociale et qui se trouvent tous dans la même situation : ils sont contraints de vendre leurs services productifs, qu'il s'agisse de travail ou de capital, à cet entrepreneur dont ils dépendent tous.

Sur cette base générale, comment sont fixés d'abord les salaires ? Ils sont déterminés par la confrontation sur le marché de l'offre et de la demande de services du travail. L'offre de services du travail dépend du prix des biens et du prix des services du travail. Lorsqu'un individu possède des services productifs du travail et qu'il les vend, chaque heure de travail est porteuse d'utilité, sous forme de salaire horaire perçu, et de désutilité, sous forme de fatigue physique, de tension nerveuse. Tant que la désutilité est inférieure à l'utilité, l'individu augmente son offre de travail. En définitive, il offrira une quantité d'heures de travail telle que la désutilité de la dernière heure de travail sera égale à l'utilité du dernier salaire horaire perçu. Quant à la demande de services du travail, elle dépend de la demande de biens et du prix des services productifs du travail. Plus précisément, elle se détermine de façon telle que la productivité marginale du dernier travailleur embauché soit égale au prix du service, c'est-à-dire au salaire perçu par ce travailleur. Et l'on notera que, si ce produit marginal est décroissant, seule une baisse du salaire réel peut susciter un accroissement de la demande de services productifs du travail.

Cette conception de la nature et de la détermination du salaire mérite d'être critiquée. En effet, il nous semble que le salaire ne peut pas être considéré comme un prix fixé mécaniquement par le libre jeu de la concurrence sur le marché. Certes, l'offre et la demande de travail jouent un rôle, mais pas de la façon envisagée par les néoclassiques. Elles jouent un rôle en pesant sur les rapports de forces entre classes sociales qui sont eux-mêmes au cœur de la détermination des salaires. La théorie de la répartition des néo-classiques est bien incapable d'adopter ce point de vue, puisqu'elle ignore les classes sociales et ne connaît que des individus. Bien plus, ces individus mythiques possèdent tous des services du travail et du capital, et sont libres de les vendre ou non. La théorie néo-classique ignore donc non seulement les classes sociales, mais aussi l'obligation qu'ont les travailleurs de vendre leur force de travail pour vivre. Cette contrainte rend dérisoire l'idée qu'avant d'offrir leurs services les travailleurs compareraient les utilités et désutilités marginales du travail. Par ailleurs, même en se situant sur le terrain des néo-classiques, on pourrait dire qu'une baisse des salaires horaires est susceptible d'entraîner non une baisse de l'offre de travail, mais au contraire une hausse, afin de compenser cette baisse du salaire.

Le revenu du capital est, comme pour Say, l'intérêt, et non le profit. Walras lui-même explique que le profit n'est qu'une rente liée au caractère monopolistique des marchés, et qu'en situation de concurrence pure et parfaite ce qu'il appelle le profit pur disparaît.

La détermination de l'intérêt relève du même processus que celle des salaires. L'intérêt est fonction de l'offre et de la demande de services productifs du capital. L'offre se détermine de façon telle qu'il y a égalité entre la désutilité marginale de la dernière dose de capital offerte, mesurée par la privation que subit l'offreur, et son utilité marginale, mesurée par l'intérêt perçu. La demande, elle, se détermine de façon telle que la productivité marginale du capital est égale à son prix.

La conception du revenu du capital des néoclassiques, intérêt et non profit, mérite les mêmes critiques que celles que nous avons déjà faites à Say. L'intérêt n'est pas « le » revenu du capital, ce qui reviendrait à faire l'hypothèse absurde que toutes les épargnes sont offertes sur le marché du capital, laissant de côté l'épargne qui provient du capital initial, des augmentations de capital et de l'autofinancement. L'intérêt, comme l'avait déjà fort bien vu Smith, est simplement le revenu du capital emprunté, versé par les capitalistes industriels aux capitalistes financiers qui leur prêtent de l'argent. Quant à la disparition du profit, elle est inacceptable, même au nom de la théorie pure, d'autant que, tant dans la réalité que sur le plan théorique, c'est la concurrence imparfaite, et non la concurrence pure et parfaite, qui doit servir de référence. La disparition du profit nous prive d'une compréhension non seulement de la répartition des revenus, mais aussi du fonctionnement du système capitaliste, dont la caractéristique est précisément la vente avec profit.

Cette disparition du profit a paru suffisamment gênante à certains néo-classiques pour que l'un d'entre eux, Alfred Marshall, le réintroduise. Il existe, nous explique-t-il, non pas trois facteurs de production et trois revenus, travail/salaire, capital/intérêt, terre/rente foncière, mais quatre. Ce quatrième facteur de production, c'est la *fonction entrepreneuriale*, à savoir la capacité d'organiser, de gérer, d'administrer achetée et vendue sur un marché, et rémunérée précisément par le profit. Cette thèse a connu un grand succès et elle est encore largement défendue de nos jours. Pourtant, Smith avait déjà montré que cette fonction était exercée par un premier commis, c'est-à-dire par des cadres, techniciens, ingénieurs qui travaillent et dont la rémunération est non pas le profit, mais le salaire. Le profit ne rémunère pas un quatrième facteur de production, il est le revenu du capital.

Nous ajouterons que, outre les critiques externes à la logique de la conception néo-classique des revenus et de leur répartition, cette conception est critiquable même si l'on se place d'un point de vue interne à cette logique, car l'affirmation selon laquelle chaque service producteur doit être payé au prix correspondant à son produit marginal ne peut servir de fondement à une théorie de la répartition. En effet, la connaissance du produit marginal en valeur des facteurs implique cette connaissance de la valeur des revenus des facteurs, tandis que l'on prétend expliquer comment se déterminent ces mêmes revenus de facteurs en partant de la valeur de leurs produits marginaux. Voilà qui dénie à la théorie néo-classique toute possibilité d'expliquer la répartition.

Équilibre général et optimal

Nous savons que les néo-classiques postulent que consommateurs et producteurs sont animés par ce qu'ils appellent le principe de rationalité, c'est-à-dire recherchent, compte tenu des ressources limitées dont ils disposent, le maximum de satisfactions. Nous avons déjà vu, à travers leurs analyses de la valeur et de la répartition, que deux équilibres sont alors définis. Il y a l'équilibre du consommateur, défini à partir de la loi d'égalisation des utilités marginales pondérées, l'utilité étant d'abord traitée comme mesurable (utilités cardinales de Walras), puis simplement classable par ordre de préférences (utilités ordinales de Pareto). Cette définition implique, d'une part, que le [illegible]ncipe de rationalité guide le comporte-
[illegible] consommateur et, d'autre part, que
[illegible] souverain, libre de ses choix. Il y a, par

ailleurs, l'équilibre du producteur : la détermination d'une allocation optimale de ressources est obtenue lorsqu'il y a égalisation des productivités marginales des facteurs pondérées par les prix des services productifs.

Restait aux néo-classiques à construire des modèles d'équilibre général, c'est-à-dire d'équilibres simultanés et interdépendants sur l'ensemble des marchés. Walras s'y est employé, définissant cet équilibre comme une situation telle que ni les consommateurs ni les producteurs n'ont intérêt à modifier les quantités de biens et de services productifs demandés et offerts sur les marchés. Walras fut suivi par Pareto, qui, sur la base de sa conception des utilités ordinales, définit une situation d'optimum comme l'état à partir duquel on ne peut améliorer la satisfaction d'un individu sans détériorer celle d'au moins un autre.

Nous ne présenterons pas ici ces modèles. Sachons simplement qu'au-delà des différences entre eux un point les unit, l'individualisme, même s'il prend des formes différentes chez l'un et chez l'autre. Pour Walras, la libre concurrence permet d'obtenir la meilleure situation sociale possible. Si chaque individu est dans la meilleure situation possible, il en sera de même pour la société. Pareto, lui, ne l'affirme pas. Étant donné qu'il n'existe aucun moyen de mesurer les gains des uns et les pertes des autres, il est impossible, selon Pareto, d'affirmer que la situation réalisée par la libre concurrence donne à l'ensemble des individus une quantité globale de satisfactions supérieure à celle qui résulterait d'une intervention de l'État. Il n'en reste pas moins que l'individualisme de Pareto se manifeste d'une autre façon. Il affirme en effet que, en dépit du caractère relatif de l'optimum réalisé par la libre concurrence, il ne faut pas s'en écarter, car nuire au moins à un individu serait socialement désavantageux.

III. Le chômage et les crises

Entre 1870 et 1930, les auteurs néo-classiques se sont dans leur immense majorité très peu intéressés au problème de la croissance, traité essentiellement comme un problème technique de combinaison optimale de facteurs de production et d'évolution des rendements. Pourtant, nous savons que dans l'économie capitaliste l'investissement, source de la croissance, n'est pas uniquement lié à des questions techniques, mais aussi à l'existence de taux de profit et de débouchés suffisants. Ils se sont également peu intéressés au problème du chômage, dans la mesure où ils estimaient que la situation normale de l'économie était le plein emploi, et au problème des crises, parce qu'ils étaient partisans de la loi des débouchés de Say. Précisons leurs analyses, largement dominantes dans la pensée non socialiste jusqu'à la grande crise des années trente, sur les deux grandes questions du chômage et des crises.

Le chômage

L'analyse des néo-classiques tient en une proposition. Dans une société où l'État s'abstient de toute intervention, les forces du marché ont pour effet d'établir automatiquement la production nationale à un niveau tel que tous les travailleurs ainsi que tous les capitaux disponibles sont utilisés. Si l'État et les groupes sociaux laissent jouer librement ces forces du marché, le chômage durable ou une sous-utilisation durable des capitaux sont impossibles. Le plein emploi est automatiquement assuré.

Situons-nous d'abord sur le marché du travail. Supposons qu'à un moment donné l'offre de travail par les travailleurs soit supérieure à la demande des employeurs. Il y a du chômage. Par le biais des variations de salaires, des forces entrent alors en jeu sur le marché du travail, qui tendent à l'éliminer. Les travailleurs se font concurrence, les salaires baissent. Cette baisse, à son tour, suscite une baisse de l'offre de travail, car, par rapport à la situation initiale d'équilibre, l'utilité marginale du travail devient inférieure à sa désutilité marginale. En même temps, la baisse du salaire suscite un accroissement de la demande de travail dû au coût plus faible de la main-d'œuvre. Baisse de l'offre de travail, accroissement de la demande, l'écart initial entre offre et demande disparaît, et avec lui le chômage. Si le chômage persiste, ce n'est qu'en raison de l'intervention des syndicats ou de l'État, qui porte atteinte au caractère concurrentiel du marché du travail, et donc empêche la baisse des salaires. Le chômage est alors volontaire. On songe bien sûr à Malthus : les lois d'assistance aux pauvres créent les pauvres.

La conception des néo-classiques est doublement erronée. Elle l'est d'abord lorsqu'ils affirment le caractère automatique de la liaison baisse du salaire/baisse de l'offre de travail. Nous renvoyons le lecteur, à cet égard, à la critique que nous avons faite de la conception néo-classique du salaire et de sa détermination. Elle l'est également dans l'affirmation de la liaison automatique baisse du salaire/accroissement de la demande de travail. Le salaire n'est pas seulement un coût, il est aussi un revenu. Dès lors, il se peut fort bien que la baisse des salaires, surtout si elle se généralise, ait pour effet une baisse de la demande globale de biens de consommation, elle-même susceptible de conduire à une baisse de la production et à une réduction conjointe de la demande de travail.

Situons-nous maintenant sur le marché du capital. Sur ce marché se rencontrent une offre et une demande de capital, toutes deux fonction du prix du capital, c'est-à-dire de l'intérêt. L'offre de capital, c'est l'épargne, qui, expliquent les néo-classiques, est une fonction croissante du taux d'intérêt qualifié de récompense à la renonciation à la consommation. Plus le taux d'intérêt est élevé, plus l'offre de capital, l'épargne, s'accroît. La demande de capital, ou demande d'investissement, est, elle, une fonction décroissante du taux d'intérêt. Supposons maintenant qu'à un moment donné l'offre de capital soit supérieure à la demande. Il y a une sous-utilisation de capitaux. Cet écart entre l'offre et la demande entraîne une baisse du taux d'intérêt. Cette baisse induit une diminution de l'épargne, la récompense étant moins forte, et une augmentation de l'investissement, le coût étant plus faible. L'écart initial entre l'épargne et l'investissement disparaît, et avec lui la sous-utilisation des capitaux.

Cette conception mérite d'être critiquée. D'abord, comme le montrera Keynes, il est faux de se contenter d'affirmer que l'épargne dépend du taux d'intérêt, et donc que la baisse de ce taux entraîne automatiquement une diminution de l'épargne. La variable déterminante pour expliquer le montant de l'épargne n'est pas l'intérêt, mais le revenu. Par ailleurs, nous avons déjà expliqué à l'encontre des néo-classiques qu'une grande partie de l'épargne dont disposent les entreprises provient non de capitaux offerts sur le marché, mais de l'autofinancement, et cette source d'épargne ne dépend pas du taux d'intérêt. Enfin, il est erroné d'affirmer que l'investissement dépend du seul taux d'intérêt. Il faut faire entrer en jeu une autre variable, le taux de profit, et comprendre que l'investissement dépend non du taux d'intérêt, mais de l'écart entre taux de profit et taux d'intérêt. Ainsi, la baisse du taux d'intérêt peut fort bien ne pas entraîner un développement de l'investissement si en même temps les perspectives de profit sont mauvaises.

Il ressort de notre analyse, en définitive, que le libre jeu des forces du marché ne garantit absolument pas un plein emploi de tous les travailleurs et de tous les capitaux disponibles.

Les crises

L'analyse des néo-classiques tient en une proposition. À la production globale offerte sur le marché correspond nécessairement, à condition que l'État ne fausse pas le libre jeu des forces du marché, une demande globale tout juste égale. Il ne saurait y avoir une difficulté générale d'écoulement de la production. En d'autres termes, les crises générales de surproduction sont impossibles. Pour avancer cette proposition, les néo-classiques s'appuient sur la loi des débouchés de Say, qu'ils approuvent. Le revenu, né de la production, est automatiquement et continuellement dépensé. Soit il l'est en achat de biens de consommation, soit il est épargné, mais il est dans ce cas dépensé en achat de biens d'équipement. On retrouve la thèse erronée selon laquelle l'épargne est nécessairement dépensée, thèse qui s'appuie sur une conception fausse de la monnaie, considérée comme simple instrument de transaction, ne pouvant être demandée pour elle-même, une monnaie qui n'est qu'un voile masquant les phénomènes réels et n'exerçant aucune influence sur eux, en particulier sur le niveau de l'activité économique.

En conclusion sur cette école néo-classique qui a dominé la pensée économique non socialiste de 1870 à 1930, on peut dire qu'elle a eu une attitude très largement apologétique du système capitaliste, présenté comme un système composé d'individus libres et égaux, où l'exploitation n'existe pas, et qui ne connaît, à condition de laisser jouer librement les forces du marché, ni chômage durable ni crises de surproduction. Dans la mesure où le vif essor connu par les pays capitalistes à la fin du XIXe siècle et au début du XXe était lui-même un « argument » en faveur du capitalisme bien plus puissant que n'importe quelle construction théorique, le besoin d'un nouveau courant économique ne se fit pas sentir. La grande crise de 1929, sa profondeur et sa durée, l'existence d'un chômage durable massif allaient changer profondément la situation. C'est dans ces conditions nouvelles que naquit la théorie de Keynes.

Chapitre 6

La rupture keynésienne et le développement de la pensée socialiste

Début XXe siècle – Seconde Guerre mondiale

La période qui va du début du XXe siècle à la Seconde Guerre mondiale est riche en événements historiques importants :

– profondes transformations dans la structure des économies capitalistes, qui se manifestent par un ample processus de concentration et de centralisation du capital ;

– vif essor des économies capitalistes développées dans les vingt années qui précèdent la Première Guerre mondiale, qui s'accompagne d'une hausse sensible du niveau de vie des salariés de ces pays ;

– important développement de l'expansion coloniale en Afrique et en Asie ;

– crise des années trente, la plus profonde et la

plus longue jamais connue par les pays capitalistes, qui entraîne un chômage massif et durable, et a pour conséquence politique l'instauration en Allemagne de la dictature nazie ;

– éclatement de deux guerres mondiales qui concluent, l'une la longue période d'essor du début du siècle, et l'autre la crise des années trente ;

– apparition, à la suite de la Révolution russe, d'un nouvel État caractérisé par la volonté de construire une société socialiste à l'échelle mondiale, mais qui va très rapidement dégénérer et prendre la forme de la dictature stalinienne.

Tous ces événements ont évidemment profondément marqué l'évolution de la pensée économique. Ils vont donner naissance à l'économie politique de Keynes et commander l'évolution de la pensée socialiste.

I. La rupture keynésienne

Le projet de John Maynard Keynes (1883-1946), haut fonctionnaire, professeur d'économie politique et plusieurs fois désigné comme conseiller du gouvernement britannique, est de sauvegarder le capitalisme. À cette fin, il est nécessaire d'organiser l'intervention de l'État dans la vie économique, en vue d'atténuer de façon durable l'ampleur des crises et du chômage. C'est pourquoi le keynésianisme est à la fois une théorie et une politique, exposées dans deux ouvrages essentiels, *Un traité de la monnaie*, paru en 1930, et *Théorie générale de l'emploi, de l'intérêt et de la monnaie*, paru en 1936.

La théorie économique keynésienne

Elle repose sur un principe qui a lui-même une importante implication.

Le principe keynésien : le rôle moteur joué par la demande globale

Keynes s'oppose à la thèse selon laquelle l'offre crée sa propre demande et défend l'idée que le niveau de la production et celui de l'emploi dépendent de la demande effective, des débouchés anticipés par les entrepreneurs. Dans la courte période, cadre dans lequel raisonne Keynes, c'est-à-dire en supposant donnée la quantité de force de travail et de biens d'équipement, la demande effective joue un rôle moteur.

Keynes renoue ainsi avec Malthus, qui attribuait lui aussi une action motrice à la demande effective. Il renoue aussi avec les écrits de l'économiste suédois Knut Wicksell qui dans son ouvrage paru en 1898, *Les Causes déterminantes de l'intérêt et des prix*, mettait l'accent sur le rôle de la demande globale dans la croissance, et plus particulièrement sur l'une de ses composantes, l'investissement, lui-même dépendant de l'existence d'un taux de profit supérieur au taux d'intérêt.

La demande globale ayant une telle importance, il est nécessaire de préciser ses composantes et ses

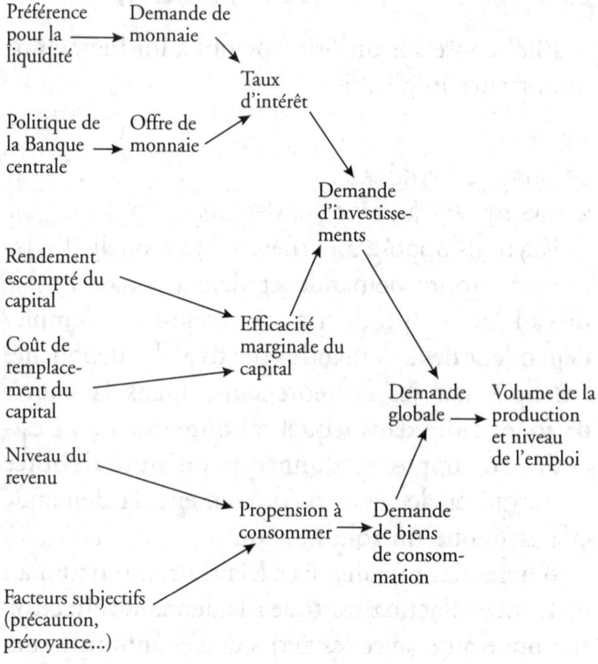

déterminants. Keynes, à cet égard, présente des analyses nouvelles qui s'opposent, pour l'essentiel, à la théorie néo-classique. Sa thèse peut être schématisée par les enchaînements suivants, qui concernent les seules dépenses internes des agents privés, à l'exclusion de l'État :

Explicitons ce schéma :

1. Le volume de la production et le niveau de l'emploi dépendent de la demande globale, qui elle-même se décompose en demande de biens de consommation et demande d'investissements.

2. La demande de biens de consommation cst déterminée par la propension à consommer, concept forgé par Keynes. Elle est mesurée par le rapport de la consommation sur le revenu, C/R, et dépend fondamentalement du niveau du revenu, auquel viennent s'ajouter un certain nombre de facteurs subjectifs. L'aspect fondamental de cette relation est que, lorsque le revenu augmente, la consommation s'accroît aussi, mais dans une mesure moindre que le revenu en valeur absolue. C'est ce que Keynes appelle la « loi psychologique fondamentale ».

3. La demande d'investissements dépend de l'existence d'un écart positif entre l'efficacité marginale du capital et le taux d'intérêt.

L'efficacité marginale du capital est la combinaison de ce que Keynes appelle le rendement escompté du capital et le coût de remplacement du capital. Sans entrer dans le détail de cette combinaison, retenons simplement que ce concept d'efficacité marginale du capital recouvre, pour l'essentiel, le concept de taux de profit que l'on peut attendre de la mise en œuvre d'une unité supplémentaire de capital, anticipation profondément marquée par l'incertitude. En ce qui concerne le taux d'intérêt, Keynes présente des analyses très nouvelles et très différentes de celles des néo-classiques. Cette nouveauté a trois aspects.

Le premier aspect concerne l'analyse de la demande de monnaie, déterminée par ce que Keynes appelle la préférence pour la liquidité. Keynes rompt avec les classiques et les néo-classiques, pour qui la monnaie est demandée uniquement afin de servir d'instrument de circulation des marchandises. Certes, ce premier type de demande existe, déterminé, dit Keynes, par les motifs de transaction et de précaution, et fonction croissante du revenu. Cette demande varie dans le même sens que le revenu. Mais la monnaie peut aussi être demandée pour elle-même, être thésaurisée, et cela en raison de la qualité qu'elle a d'être liquide. Cette demande de monnaie, qui obéit au motif de spéculation, est une fonction décroissante du taux d'intérêt. Elle varie en sens inverse du taux d'intérêt. Lorsque ce dernier augmente, par exemple, les agents préfèrent placer leur argent plutôt que de le garder sous forme liquide. La préférence pour la liquidité diminue. Keynes donne donc une caractérisation de l'intérêt fort différente de celle des néo-classiques. Pour ces derniers, nous l'avons vu, l'intérêt est défini comme prix de l'épargne, comme récompense accordée à la renonciation à la consommation. Pour Keynes, l'épargne n'est pas une abstinence volontaire récompensée par l'intérêt, elle est un simple résidu. La communauté consomme d'abord, et cela en fonction du revenu, et une fois qu'elle a consommé elle laisse un résidu qui est l'épargne. Ensuite, poursuit Keynes, cette épargne peut être soit placée ou investie, soit conservée sous forme liquide. L'intérêt peut donc être défini comme la récompense accordée à la renonciation à la thésaurisation.

Le deuxième aspect nouveau dans l'analyse keynésienne de l'intérêt est qu'il n'égalise pas, comme dans l'économie politique néo-classique, l'épargne et l'investissement, mais l'offre et la demande de monnaie. L'intérêt se forme sur le marché monétaire où il égalise une demande de monnaie qui, dans la courte période, varie essentiellement en fonction du motif de spéculation, et donc est une fonction décroissante du taux d'intérêt, et une offre de monnaie déterminée par la Banque centrale.

Le troisième et dernier nouvel aspect concernant le taux d'intérêt peut se lire dans le schéma général que nous avons présenté. On y voit que, contrairement à la thèse néo-classique, la monnaie n'est pas neutre par rapport à la détermination des niveaux de la production et de l'emploi. Les phénomènes monétaires, offre et demande de monnaie, agissent sur le taux d'intérêt, et donc sur la demande d'investissements, qui elle-même influe sur le volume de la production et le niveau de l'emploi. Il n'y a pas de dichotomie entre le secteur monétaire et le secteur réel.

L'implication du principe keynésien

Elle est très importante. Le principe keynésien signifie en effet que peuvent exister ce que Keynes nomme des équilibres de sous-emploi, c'est-à-dire des situations dans lesquelles demande globale et offre globale sont égales, mais à un niveau trop faible pour éviter un chômage durable. Plus précisément, explique Keynes, il existe un niveau de production qui assure l'équilibre entre l'offre globale et la demande globale, mais rien ne garantit que ce niveau de production permette le plein emploi des travailleurs disponibles. Si, à ce niveau de production, il n'y a pas plein emploi, nous avons un équilibre de sous-emploi. La responsabilité en incombe, selon Keynes, à l'insuffisance de la demande globale, qui, nous le savons, joue un rôle moteur dans la détermination du niveau de l'emploi. Un chômage durable est possible si la demande globale est insuffisante. Or, précisément, Keynes, en utilisant son appareil d'analyse, estime que livrée à elle-même, sans intervention de l'État, l'économie capitaliste est condamnée à un équilibre de sous-emploi chronique, en raison de la déficience de la demande globale. Nous avons une déficience de la demande de biens de consommation due à l'inégale répartition des revenus qui entraîne une forte épargne, elle-même largement thésaurisée. Nous avons aussi une déficience de la demande d'investissements due à l'insuffisance de la demande de biens de consommation et à une tendance à la baisse de l'efficacité marginale du capital liée à la difficulté croissante de trouver des occasions bénéfiques d'investissement.

Il s'ensuit un certain type de recommandations de politique économique.

La politique économique keynésienne

Keynes veut sauvegarder le capitalisme. Or, livré à lui-même, celui-ci engendre un sous-emploi chronique dangereux pour sa survie même. L'État doit donc intervenir afin d'accroître la demande globale, qu'il s'agisse de la demande de biens de consommation ou de la demande de biens d'investissement. Cette intervention, loin d'être une menace pour le système, le sauvera.

Plus précisément, l'État doit intervenir de trois façons :

1. Bien loin, pour combattre le chômage, de mettre en œuvre, comme le préconisent les néo-classiques, une politique de baisse des salaires qui, selon Keynes, diminuerait encore plus la demande globale et jouerait donc un rôle aggravant, l'État doit élaborer une politique de redistribution des revenus destinée à accroître la demande de biens de consommation en faveur des couches les plus pauvres, qui ont une plus forte propension à consommer. À cette fin, Keynes préconise une politique fiscale redistributrice et le développement des systèmes de Sécurité sociale.

2. L'État doit adopter une politique d'expansion monétaire. Cette politique aura pour effet une baisse du taux d'intérêt, qui est l'une des deux variables déterminant l'investissement privé. Cette politique a cependant des limites, souligne Keynes. En effet, explique-t-il, à partir d'un certain seuil correspondant à un taux d'intérêt de 2 %, ce taux est si faible qu'à la lumière des expériences passées les agents esti-

ment qu'il ne peut plus baisser. Dans ces conditions, ils sont soucieux de conserver le maximum de ressources en monnaie puisque, d'une part, ils ne renoncent ainsi qu'à un intérêt faible et que, d'autre part, ils se réservent la possibilité de racheter dans l'avenir des titres, lorsque les taux auront remonté. À partir de ce seuil, donc, quel que soit le volume de monnaie injecté dans l'économie, le taux d'intérêt ne baisse pas. Toute la monnaie additionnelle disparaît, dit Keynes, dans une trappe à monnaie : elle est entièrement absorbée par la constitution d'encaisses monétaires. Il y a donc une limite à l'utilisation de la politique monétaire pour stimuler l'investissement privé, surtout qu'en même temps l'efficacité marginale du capital a tendance à baisser.

3. L'État doit donc mettre en œuvre une politique d'investissements publics, politique de grands travaux en particulier. L'investissement public doit être considéré comme la pièce stratégique essentielle de toute politique d'emploi. Il ne doit pas être perçu comme un procédé temporaire de lutte contre le chômage, mais comme un élément permanent de la politique économique. C'est à lui de combler en permanence l'écart entre l'investissement global nécessaire à la réalisation du plein emploi et

l'investissement privé. Le rôle de l'investissement public est d'autant plus important qu'il fait intervenir le mécanisme du multiplicateur déjà mis en lumière en 1931 par l'économiste anglais R. F. Kahn. Ce mécanisme s'illustre ainsi : les premiers embauchés, à la suite d'une dépense d'investissement, des travaux publics, par exemple, dépensent une partie de leurs revenus en achetant des biens de consommation, ce qui suscite un accroissement de la production de ces biens, et donc de nouvelles embauches, d'où des revenus nouveaux, et le processus continue. En d'autres termes, à la suite d'une dépense initiale d'investissement, l'accroissement final de l'emploi sera un multiple de l'augmentation initiale.

La politique keynésienne a connu son plein succès dans les pays capitalistes développés durant la période de forte croissance et de faible chômage allant de la fin de la Seconde Guerre mondiale au début des années soixante-dix. L'économie capitaliste, pour bien fonctionner, a besoin, nous le savons, de l'existence conjointe de taux de profit et de débouchés élevés. Or, durant l'ensemble de cette période, la forte hausse des productivités du travail et du capital a permis aux taux de profit de se maintenir à un niveau élevé. Il fallait donc que les débouchés soient également orientés favorablement, et c'est précisément la politique keynésienne de stimulation de la demande privée et publique qui allait en assurer la croissance et l'importance. Le début des années soixante-dix inaugure une nouvelle période marquée par la baisse des taux de profit. Les politiques keynésiennes de stimulation de la demande sont alors remises en question et des politiques d'austérité s'y substituent. Parallèlement, certains aspects de la théorie néo-classique refont surface, en particulier l'idée que laisser jouer librement les forces du marché, et notamment ne pas entraver la baisse des salaires, est le meilleur moyen d'éviter un chômage durable. Pourtant, on pensait que cette idée avait définitivement disparu à la suite de la crise des années trente et de la critique de Keynes.

II. Le développement de la pensée socialiste

L'ensemble des circonstances économiques et politiques que nous avons évoquées, qui caractérisent la période allant du début du XXe siècle à la Seconde Guerre mondiale, ont très largement commandé le développement des idées au sein du mouvement socialiste.

La pensée non marxiste

Ce développement se manifeste sous la forme des idées anarchistes, selon lesquelles il est possible de construire, dès le renversement du capitalisme, une société sans État constituée d'une Fédération de petites communautés.

Il se caractérise aussi par l'apparition d'un socialisme réformiste qui s'oppose à l'idée que seule la révolution peut susciter une transformation réelle de la condition ouvrière, et qui prend lui-même deux formes.

Pour un premier courant, il demeure nécessaire de passer de la société capitaliste à une société socialiste, mais ce passage peut se faire progressivement, par une accumulation de réformes. Il est représenté, par exemple en Angleterre, par la Société fabienne, appellation qui tire son nom de Fabius Cunctator, le temporisateur. La société est créée en 1884, ses principaux représentants sont Sidney Webb, Beatrice Webb et George Bernard Shaw, le dramaturge. Ils sont influencés par l'économie politique néo-classique, mais sont hostiles au libéralisme économique. Dans les *Essais fabiens sur le socialisme* (1889), Shaw assimile les profits à une rente qu'il est possible de confisquer peu à peu. Il est ainsi conduit à penser que l'économie capitaliste peut progressivement fonctionner sans profit ! Parallèlement doivent être créées des entreprises étatiques et communales. La propriété des moyens de production devient peu à peu collective, et ainsi passe-t-on progressivement au socialisme.

Pour un deuxième courant du socialisme réformiste, il n'est plus nécessaire de passer de la société capitaliste à une société socialiste. Dans le cadre même de la société capitaliste, il est possible d'obtenir des améliorations suffisantes de la condition ouvrière. Ce courant est représenté en Allemagne par Edouard Bernstein, dont le principal ouvrage, *Le Socialisme théorique et la Pratique de la social-démocratie*, paraît en 1899. Bernstein s'appuie sur la réalité économique et sociale de cette fin de siècle dans les pays d'Europe occidentale : hausse du niveau de vie des ouvriers, diminution du chômage et amélioration de leurs conditions de travail. Il estime dès lors que désormais, dans un pays comme l'Allemagne, les classes possédantes ne sont plus un obstacle au progrès social. Il faut donc se situer dans le cadre même du système capitaliste et obtenir de nouvelles réformes sociales. Telle est la tâche à accomplir. Notons que parallèlement Bernstein, comme Shaw d'ailleurs, approuve, au nom de la civilisation, la politique d'expansion coloniale en cours, qui joue précisément un rôle non négligeable dans l'essor que connaît alors l'économie capitaliste dans les pays d'Europe occidentale.

Le développement de la pensée marxiste

En ce début de XXe siècle, face aux transformations qui caractérisent le système capitaliste, en particulier le processus de concentration et de centralisation du capital et la politique d'expansion coloniale, et face aux problèmes posés par la Révolution russe, la pensée marxiste connaît à la fois des mises à jour et des analyses nouvelles. Elles concernent, pour l'essentiel, trois domaines.

Un nouveau stade du capitalisme

Rudolf Hilferding, dirigeant socialiste autrichien, publie en 1910 *Le Capital financier*, où il montre qu'il y a interpénétration croissante entre le capital industriel et le capital bancaire et qu'ainsi se forme le capital financier, dont disposent les banques et qui est investi dans l'industrie. Lénine, dans *L'Impérialisme, stade suprême du capitalisme*, ouvrage publié en 1916, intègre cette analyse et, de façon plus large, définit ce qu'il considère être les cinq caractéristiques d'un stade nouveau du capitalisme né au début du XXe siècle, le stade impérialiste : concentration et centralisation du capital dans l'industrie et constitution des monopoles ; concentration et centralisation dans le secteur bancaire et constitution du capital financier ; essor des exportations de capitaux, qui acquièrent une importance relative grandissante par rapport aux exportations de marchandises ; partage du monde entre groupements capitalistes et grandes puissances ; parasitisme et tendance à la stagnation. À ses yeux, le stade impérialiste du capitalisme n'est pas une excroissance évitable, mais un moment inévitable du développement du capitalisme.

L'économie mondiale

Des analyses nouvelles apparaissent, qui concernent la caractérisation de l'économie capitaliste comme économie mondiale. Retenons celles de Rosa Luxemburg et de Léon Trotski.

Rosa Luxemburg, dans son principal ouvrage, *L'Accumulation du capital*, paru en 1913, défend la thèse selon laquelle l'économie capitaliste, pour se développer, ne peut compter sur la seule demande solvable du marché intérieur capitaliste. Elle a besoin de débouchés extérieurs, au sens d'extérieurs non aux frontières, mais à la sphère capitaliste. Cette thèse la conduit à s'intéresser à la façon dont le capital a pénétré les formations sociales non capitalistes. Elle distingue trois grandes étapes : lutte contre l'économie naturelle prenant la forme d'une appropriation des ressources, d'une « libération » de la force de travail et d'une introduction de l'économie marchande ; puis lutte pour substituer à cette économie marchande la production capitaliste ; enfin, lutte concurrentielle du capital sur le marché international pour s'emparer dans un certain nombre de territoires de ce qui reste de formes sociales non capitalistes. Rosa Luxemburg présente ainsi ce que l'on peut considérer comme la première et magistrale analyse de la genèse du sous-développement.

Trotski commence par rappeler que, sous la pression de la tendance à accumuler du capital, inhérente au capitalisme, s'est constituée une économie mondiale et hiérarchisée. Puis il apporte une double précision, notamment dans son ouvrage *La Révolution permanente*, écrit dans les années 1928-1931. Cette économie capitaliste mondiale, explique-t-il, ne peut pas être considérée comme une simple somme d'économies nationales, mais comme une réalité qui domine les marchés nationaux. Ainsi, les traits spécifiques des économies nationales, si importants qu'ils soient, constituent les éléments d'une plus haute unité qui est précisément l'économie mondiale. Par ailleurs, Trotski précise que la hiérarchisation de cette économie capitaliste mondiale est le résultat des conditions historiques du développement de la production capitaliste, conditions qui relèvent de ce qu'il appelle la loi du développement inégal et combiné. Le développement est inégal entre branches, entre régions, entre économies nationales. Il est aussi combiné en ce sens que la pression économique et politique exercée par les pays capitalistes développés contraint les pays sous-développés à procéder par bonds, à parvenir d'emblée aux techniques les plus avancées. Ainsi surgit un type combiné de développement alliant traits de retard et présence des techniques de production les plus modernes.

La construction du socialisme

Des débats s'ouvrent au lendemain de la Révolution russe sur la construction de la société socialiste. Le débat le plus célèbre a lieu au début des années vingt. Il a pour protagonistes deux dirigeants bolcheviques, Preobrajenski et Boukharine. Le premier, dans un ouvrage publié en 1926, *La Nouvelle Économique*, se montre favorable à une industrialisation immédiate et accélérée. Celle-ci doit être financée par des prélèvements de ressources réalisés sur l'agriculture par l'intermédiaire de la politique des prix. Les produits agricoles seront vendus à un prix inférieur à leur valeur, et les produits industriels à un prix supérieur. C'est ce que Preobrajenski appelle *accumulation socialiste primitive*. Boukharine, au contraire, est partisan de favoriser la prospérité des paysans afin que leur production se développe et fournisse ainsi à terme des ressources pour l'industrialisation. Produits agricoles et produits industriels doivent donc être vendus à leur valeur.

Cette discussion est en fait au cœur d'un débat plus large sur la question de savoir s'il est possible ou non de construire le socialisme dans un seul pays. Le débat oppose Staline et Boukharine à Trotski. Les premiers pensent possible l'instauration d'une société socialiste sur la base d'un État national, à condition qu'il n'y ait pas d'intervention militaire contre cet État. Trotski pense que l'idée que l'on puisse construire dans un seul pays une société socialiste au sens de Marx, c'est-à-dire une société d'abondance où la production marchande n'existe plus et où chacun est apte à diriger la société, est non seulement une utopie, mais une utopie rétrograde. L'importance de l'URSS, aux yeux de Trotski, vient de ce qu'elle doit être la base d'appui de la révolution mondiale, et non de sa capacité à construire le socialisme indépendamment de cette révolution.

Après avoir connu un développement multiforme, la pensée marxiste subit un véritable blocage, dès les années trente, lié à l'installation en URSS de la dictature d'une classe bureaucratique s'appropriant tout le pouvoir politique et d'immenses privilèges sociaux. L'économie politique marxiste, sous l'égide de cette classe qui défend ses intérêts politiques et sociaux, et ce dans tous les milieux qui lui sont subordonnés, subit une profonde dégénérescence. Cette économie politique devient un simple instrument de légitimation du pouvoir de cette classe, pouvoir qu'elle a usurpé au nom de la défense des travailleurs, et un simple instrument de justification des politiques qu'elle met en œuvre. Il faudra attendre longtemps pour voir renaître un marxisme vivant avec sa critique de l'économie politique.

Chapitre 7

Les grands courants de la pensée contemporaine

De la Seconde Guerre mondiale à nos jours

Le socle historique de la période se compose de trois éléments essentiels.

Le premier est la succession, dans les pays capitalistes développés, de deux grandes phases. Une première nous conduit de la Seconde Guerre mondiale au début des années soixante-dix. Elle est marquée par une forte croissance, de 5 à 6 % par an, des crises conjoncturelles dont l'ampleur et la durée sont faibles et qui se caractérisent par de simples ralentissements de croissance jamais généralisés à l'ensemble des pays, un chômage lui-même très peu important – cent mille chômeurs en France dans les années soixante. Une deuxième phase s'ouvre au début des années soixante-dix, qui se distingue au contraire par une croissance beaucoup plus faible, des crises conjoncturelles, comme celles de 1974-

1975 ou de 1979-1982, beaucoup plus amples, marquées par des baisses en valeur absolue de la production et généralisées à l'ensemble des pays, un chômage qui redevient fort important.

Le deuxième grand élément historique de la période est le maintien de la dictature stalinienne en URSS, puis sa crise, sa chute et le développement dans ce pays d'un capitalisme sauvage.

Le troisième élément, enfin, est l'ampleur du processus de décolonisation et, lié à lui, l'intérêt que porteront désormais un certain nombre d'économistes aux économies des pays sous-développés.

Sur cette base historique, les pensées économiques vont connaître un développement et une diversification considérables. Nous ne serons pas exhaustifs. Nous tenterons simplement de faire comprendre les filiations et les conditions d'apparition des principales pensées économiques. La plupart, au-delà des multiples aspects qu'elles revêtent, trouvent leurs sources dans les courants de pensée que nous avons présentés. On peut ainsi, pour l'essentiel, distinguer des « descendants » des premiers néo-classiques, de Keynes et de Marx.

Il est cependant des contributions qui échappent au classement dans l'une des trois filiations, néoclassique, keynésienne et marxiste. Parmi elles, retenons celle de l'économiste américain d'origine russe W. Leontief. Après avoir contribué à l'élaboration des premiers plans de l'économie soviétique et travaillé avec Preobrajenski au début des années vingt, il quitte l'URSS en 1925. Professeur à Harvard, il publie en 1941 un ouvrage intitulé *La Structure de l'économie américaine 1919-1939.* Leontief y présente un modèle qualifié d'*input-output*, qui permet l'analyse détaillée du système productif d'un pays. Il construit un tableau qui représente le système productif comme un ensemble interdépendant de branches qui se livrent les unes aux autres des produits dont la consommation, dite « intermédiaire » (*input*), permet d'obtenir d'autres produits (*output*). Il définit des coefficients techniques qui représentent la quantité d'un *input* nécessaire pour obtenir une unité d'un *output.* L'instrument conçu par Leontief s'avérera d'une grande utilité dans l'élaboration des politiques économiques, et en particulier dans la simulation des effets qu'auront sur le système productif les mesures prises.

I. La filiation néo-classique

Le rejet masqué de Keynes

Entre 1945 et le début des années soixante-dix, tandis que les taux de profit sont à la hausse, comme nous l'avons déjà noté, la politique économique keynésienne de stimulation des demandes privée et publique garantit l'existence de débouchés suffisants. Cette période voit donc le triomphe de la pensée keynésienne. Dans ce contexte, les auteurs qui se réclament de l'école néo-classique, de son libéralisme, de sa méthode, de son analyse de la valeur et des revenus vont se montrer prudents. Au lieu de rejeter purement et simplement le keynésianisme, beaucoup d'entre eux se rallient à la tentative de le réduire, en l'intégrant dans ce qui est présenté comme une synthèse des analyses néo-classique et keynésienne. À l'origine de cette tentative de synthèse se trouvent l'économiste anglais John Richard Hicks, qui traite de cette question dès 1937 dans son article « M. Keynes et les "Classiques" : proposition d'une interprétation », et en 1939 dans son ouvrage *Valeur et Capital*, et l'économiste américain Alvin Hansen, dans son livre paru en 1953, *Introduction à la pensée keynésienne*. Cette synthèse, dont les auteurs seront qualifiés de néo-keynésiens, deviendra dans les années 1945-1970 le fondement essentiel de l'économie dominante et la base des travaux de modélisation. C'est elle qui sera présentée et défendue dans le manuel d'économie qui fut le plus diffusé dans le monde, *L'Économique*, de l'économiste américain Paul Samuelson.

Il s'agit, en fait, d'un modèle qualifié d'IS-LM : I = investissement, S = épargne, L = demande de monnaie, M = offre de monnaie. Ce modèle se présente sous la forme d'un équilibre simultané sur le marché des biens et sur celui de la monnaie. Cette représentation permet d'envisager des mesures budgétaires et monétaires susceptibles de conduire l'économie à une situation proche du plein emploi, situation où, selon Samuelson, la théorie néo-classique redevient valide. Dans ce modèle, le cas keynésien typique, qui est l'équilibre durable de sous-emploi avec chômage involontaire, devient un simple cas particulier de l'univers néo-classique considéré comme le cadre général de l'analyse économique. Le circuit keynésien, fondé sur la causalité, de la dépense au niveau de l'emploi, est remplacé par une théorie de l'équilibre général macroéconomique qui complète, dans le même esprit, l'équilibre général microéconomique de Walras et Pareto. Les liens de causalité, caractéristiques et traits originaux du circuit keynésien disparaissent, ainsi que les analyses de Keynes relatives aux effets du climat des affaires et de l'incertitude de l'environnement sur l'efficacité marginale du capital ou la demande de monnaie.

Le message de Keynes est non seulement édulcoré, mais trahi lorsque l'économiste américain Don Patinkin, dans un ouvrage paru en 1956,

La Monnaie, l'Intérêt et les Prix, introduit dans le modèle, à côté des marchés des biens et de la monnaie, un marché du travail fonctionnant selon la pure logique néo-classique. Sur ce marché, en effet, le salaire se fixe comme n'importe quel autre prix en fonction d'une offre et d'une demande déterminées selon les critères néo-classiques, et le refus de baisser les salaires est dénoncé comme responsable du chômage. Cela, nous l'avons vu, va totalement à l'encontre de la théorie de Keynes, qui soulignait que le salaire n'est pas un prix comme les autres et que la baisse des salaires peut provoquer une insuffisance de la demande globale, elle-même source d'aggravation du sous-emploi.

Dans la lignée de ces analyses et de leur logique, une autre étude est devenue l'une des bases de l'économie dominante, celle de l'économiste américain Alban Phillips qui, dans un article de 1958 intitulé « La relation entre chômage et taux de variation des salaires nominaux au Royaume-Uni entre 1861 et 1957 », établit une relation entre le chômage et la variation des salaires, à laquelle viendra s'ajouter une relation entre la variation des salaires et celle des prix. Là encore, un mécanicisme, de fait anti-keynésien, caractérise l'analyse. Ce mécanicisme concerne l'étude de la relation chômage/salaires. Phillips ignore le fait qu'une diminution ou une augmentation du chômage n'agit pas mécaniquement sur les salaires, mais ne fait que peser sur le rapport de forces entre groupes sociaux qui détermine, lui, le partage salaire/profit. Ce mécanicisme apparaît aussi dans la relation salaires/prix, qui ignore qu'un accroissement des salaires supérieur à celui de la productivité ne se traduit pas automatiquement par une hausse des prix, mais uniquement dans le cas où les titulaires de profit réagissent pour maintenir leur part dans le partage salaire/profit.

Le rejet ouvert de Keynes : le retour en force du libéralisme néo-classique

L'ouverture d'une nouvelle période au début des années soixante-dix est marquée par une baisse des taux de profit. Les politiques keynésiennes de stimulation de la demande sont alors ouvertement dénoncées comme néfastes. Alors même que les politiques d'austérité mises en œuvre afin de restaurer ces taux de profit portent une lourde responsabilité dans le ralentissement de la croissance, l'éclatement de crises conjoncturelles plus importantes et l'existence d'un taux de chômage élevé, les politiques keynésiennes et la théorie keynésienne elle-même sont mises en accusation.

Dans ce contexte, deux courants se développent.

Tout d'abord, une nouvelle et dernière tentative de faire la synthèse entre analyses néo-classique et keynésienne se fait jour, sous une forme différente de celle que nous avons présentée. Elle est l'œuvre d'économistes appelés théoriciens du déséquilibre, dont le principal représentant est le Français Edmond Malinvaud. Ces économistes admettent l'idée que des déséquilibres et un chômage durables sont possibles dans un monde où prix et salaires ne sont pas flexibles, mais ils y voient deux causes différentes qu'il ne faut pas traiter de la même façon : une insuffisance de la demande globale, qui crée un chômage qualifié de keynésien, ou une insuffisance de l'offre, due à une rentabilité ou à une épargne trop faible, et qui crée un chômage classique. Dans le premier cas, il faut mettre en œuvre une politique de soutien de la demande, notamment par l'augmentation des dépenses publiques. Dans le second cas, il faut une politique de baisse des salaires réels et de stimulation de la compétitivité de l'offre.

Le contexte de la nouvelle période produit surtout un rejet beaucoup plus net de la théorie et de la politique keynésiennes par des courants qui existaient déjà et qui font un retour en force, ou par de nouveaux courants. Ils ont pour point commun une inspiration libérale vivement antikeynésienne, ainsi qu'un refus de la synthèse classico-keynésienne. Nous prendrons ici trois exemples, l'ultralibéralisme, les monétarismes et l'économie de l'offre, en étant conscient que nous ne sommes pas exhaustifs et que nous ne traitons pas, notamment, des théoriciens de l'équilibre général Maurice Allais, Kenneth Arrow et Gérard Debreu.

L'ultralibéralisme

L'ultralibéralisme a pour principal représentant l'économiste autrichien Friedrich Hayek, auteur de nombreux ouvrages. Citons *La Route de la servitude*, paru en 1944, *Individualism and Economic Order*, paru en 1948, et *Droit, législation et liberté*, paru en 1973-1979.

Pour Hayek, tout ce qui contrecarre la régulation de la vie sociale par l'échange libre sur le marché est jugé nocif et dénoncé comme la conséquence d'un funeste rationalisme constructiviste donnant l'illusion qu'il est possible de construire collectivement et délibérément les rapports sociaux. Il s'agit donc d'un libéralisme qui refuse l'idée de tout contrat social et où le rôle de l'État est d'écarter tout ce qui est susceptible de perturber l'ordre spontané du marché.

Plus précisément, cet ultralibéralisme est constitué de deux grands thèmes principaux.

Premier thème : le marché joue un rôle déterminant dans la formation de la société. C'est lui qui assure l'existence et le maintien du lien social. Il est la manifestation d'un ordre spontané qui est le fruit naturel des comportements différents des divers individus et qui a des propriétés auto-régulatrices. La société étant un ordre spontané et régulé, l'État ne doit pas intervenir dans la vie économique, sauf pour veiller au respect de la liberté économique. Un refus de l'intervention qui va très loin, puisque par exemple Hayek se déclare favorable à la dénationalisation de la monnaie, c'est-à-dire à la suppression des banques centrales et à une création monétaire laissée aux bons soins des banques de second rang et au jeu de la concurrence entre les diverses monnaies privées.

Le respect essentiel des principes du libéralisme économique peut être mis à mal par la démocratie politique, potentiellement dangereuse, car elle s'accompagne, sous la pression des intérêts particuliers, d'une demande croissante d'interventions de l'État. De même, les syndicats introduisent des rigidités dans le marché du travail qui empêchent le jeu de la concurrence nécessaire à l'allocation optimale des ressources. Face à ces dangers, priorité absolue doit être donnée aux principes du libéralisme économique. Hayek, interrogé par un journaliste chilien à l'époque de la dictature du général Pinochet, déclare préférer une dictature politique qui met en œuvre une politique de libéralisme économique à une démocratie appliquant une politique d'interventionnisme économique de l'État.

La conception de Hayek, qui fait de l'État et du marché deux entités indépendantes, attribuant au second, qui s'organiserait hors du politique, un rôle déterminant dans la constitution et l'évolution des rapports sociaux indépendamment du premier, nous semble être une fable : une fable historique si l'on se souvient du rôle de l'État dans l'introduction et le développement des rapports marchands et capitalistes, de la façon dont il a été partie prenante de la fondation du marché, de ses règles et codes ; une fable théorique dans la mesure où c'est l'État qui assure la perpétuation du rapport de production capitaliste et qu'il ne peut donc être mis de côté, le marché étant alors faussement conçu comme une instance unique et autorégulée.

Le deuxième grand thème constitutif de l'ultralibéralisme de Hayek est celui des inégalités créatrices. Le libre marché conduit spontanément à une répartition des revenus qui maximise une création de richesses dont tous profitent. Certes, le marché crée des inégalités et des souffrances pour les perdants, mais ces inégalités sont nécessaires à la capacité d'adaptation de l'ordre marchand. Les revenus gagnés sur le marché sont des mécanismes incitatifs indispensables à l'efficacité, et les perdants seront incités à faire des efforts pour améliorer leur sort et rejoindre le camp des gagnants. Ainsi les inégalités sociales permettent-elles à long terme d'améliorer le sort de tous, y compris celui des plus désavantagés. Une politique délibérée de justice sociale par la mise en œuvre, sous l'égide de l'État, d'une redistribution des revenus ne peut avoir pour conséquence que d'entraver, voire de briser, l'efficacité économique et le dynamisme du marché. Le résultat sera alors une aggravation du sort des plus défavorisés. On songe évidemment à Malthus.

Cette thèse des inégalités créatrices est tout à fait contestable. S'appuyant sur une conception discutable de la rationalité individuelle et du bien-être collectif, elle néglige tout d'abord les insuffisances de demande globale que peut susciter l'inégalité dans la répartition des revenus. Par ailleurs, les inégalités ne sont garantes ni de profits élevés, car la faiblesse des salaires réels peut entraîner l'existence de capacités de production oisives, elles-mêmes source d'un accroissement des coûts, ni d'investissements productifs de ces profits, les capitaux pouvant fort bien faire l'objet, à leur détriment, de placements financiers plus rentables.

Les monétarismes

Les monétarismes constituent un autre courant d'inspiration libérale adoptant les hypothèses de l'analyse néo-classique : concurrence parfaite ; plein emploi des facteurs de production et allocation optimale des ressources ; production toujours contrainte du côté de l'offre et non de la demande ; caractère volontaire du chômage de salariés qui refusent d'être embauchés à un salaire plus faible. Ce courant a vu son importance croître considérablement dans les années soixante-dix.

Un premier monétarisme se développe sous l'égide de l'économiste américain Milton Friedman, auteur notamment d'*Inflation et Systèmes monétaires*, ouvrage paru en 1968, et de son école de Chicago. Il se caractérise par trois grandes propositions :

1. L'offre de monnaie est exogène, c'est-à-dire résulte d'une action délibérée des autorités monétaires. Elle est indépendante de la demande de monnaie des agents économiques.
2. La création monétaire au-delà de ce qui est nécessaire à l'accroissement du revenu réel n'a pas d'effets stimulants à long terme sur la croissance et l'emploi. Plus précisément, pour Friedman, si à un moment donné la création moné-

taire se développe, elle peut dans l'immédiat induire un phénomène d'illusion monétaire – les agents ont l'illusion que leurs revenus réels augmentent – et entraîner une hausse de la demande de biens favorable à l'embauche. Mais, parallèlement, la création monétaire provoque la hausse des prix. Dès lors, les salariés, constatant cette hausse, corrigent leurs erreurs et l'intègrent dans leurs prévisions, phénomène d'anticipation adaptative. Ils réclament des salaires nominaux plus élevés, ce qui augmente les coûts et a pour effet de diminuer les embauches. Au total, le chômage, qualifié de naturel, n'aura pas diminué. À long terme, la production et l'emploi ne dépendent que de la quantité et de la combinaison des facteurs de production. La création monétaire n'a pas d'effets sur eux. On retrouve ici la thèse déjà défendue par Say et Walras, selon laquelle la monnaie n'a pas d'action sur les phénomènes réels et n'est qu'un voile. La création monétaire a pour seule conséquence l'inflation, analysée par les monétaristes comme un phénomène purement monétaire.

3. L'objectif de la politique monétaire ne doit donc pas être la réalisation du plein emploi, ce qui serait illusoire, mais la stabilité à long terme des prix. À cette fin, la politique monétaire doit

être « automatique », c'est-à-dire que la masse monétaire doit croître à un taux fixe, choisi pour correspondre au taux de croissance de l'économie et à un niveau de prix approximativement stable dans le long terme. Quant au budget, il doit être équilibré, car tout déficit porte atteinte soit à la stabilité des prix, s'il est financé par la création monétaire, soit aux investissements privés, s'il est financé par l'emprunt.

Le monétarisme de Friedman a été suivi d'une nouvelle version qui l'a radicalisé. Elle est l'œuvre d'une école appelée Nouvelle économie classique, dont les principaux représentants depuis les années soixante-dix sont des économistes américains Robert Lucas, Thomas Sargent et Neil Wallace. Ceux-ci abandonnent l'hypothèse des anticipations adaptatives de Friedman, pour adopter celle des anticipations rationnelles.

Friedman, nous l'avons vu, admet qu'à court terme, et à court terme seulement, la création monétaire peut stimuler l'emploi. Il n'en est pas de même pour les nouveaux classiques. En effet, selon eux, les anticipations des agents économiques ne se contentent pas d'êtres fondées sur le passé et d'être adaptatives, elles permettent de prévoir parfaitement l'avenir sur la base du modèle monétariste et des informations qui sont à disposition. Ce sont des anticipations rationnelles. En cas de création monétaire, les agents savent quelles en seront les conséquences inflationnistes et leur adaptation ne permet alors même pas la réalisation des effets favorables à court terme sur l'emploi imaginés par Friedman. De façon plus générale, les politiques économiques sont globalement inefficaces.

On se contentera ici d'être extrêmement perplexe sur la radicalisation des hypothèses de rationalité des agents économiques. Ceux-ci sont aptes à prévoir rationnellement et correctement, en formant leurs anticipations à partir d'un modèle construit lui-même sur la base de la théorie monétariste, les effets inflationnistes de la création monétaire. Omniscients et monétaristes, ils anticipent correctement la hausse des prix, adoptent un comportement en fonction de ces anticipations, et l'inflation en est la conséquence immédiate. Voilà, pour le moins, des hypothèses un peu fortes pour être acceptées !

L'économie de l'offre

L'économie de l'offre constitue le troisième courant que nous avons choisi pour illustrer le caractère dominant que prend le libéralisme dans les années 1970-1980. Son principal représentant est l'économiste américain Arthur Laffer, qui fait paraître en 1978 *L'Économie de la révolte fiscale.* Il tente de montrer, dans la lignée de la loi des débouchés de Say, que les difficultés économiques de la période, faible croissance et chômage élevé, tiennent à une insuffisance de l'offre de facteurs de production, qui elle-même est due à des interventions néfastes de l'État. Plus précisément, ce sont les impôts et les dépenses publiques, notamment les prestations sociales, qui sont mises en accusation. Les impôts sont censés réduire l'attrait du travail, et donc diminuer l'offre de travail. De même, ils réduisent l'épargne privée, et donc l'offre de capital. Quant aux prestations sociales, elles favorisent le loisir au détriment du travail et incitent donc, elles aussi, à diminuer l'offre de travail. Au total, la création de richesses est entravée, et cela d'ailleurs finit par réduire la base fiscale elle-même. On retrouve de vieilles idées, défendues dès 1925 par l'économiste français Jacques Rueff, qui prétendait que l'assurance-chômage crée le chômage. On retrouve aussi, encore une fois, Malthus : l'assistance aux pauvres crée les pauvres. Il faut donc, selon les économistes de l'offre, baisser à la fois les impôts et les dépenses publiques, s'opposer aux politiques de redistribution, qui ont des effets pervers, et supprimer toutes les réglementations étatiques qui entravent le développement de l'offre, en particulier pour les petites et moyennes entreprises.

Cette économie de l'offre a eu un certain retentissement, lié en grande partie à la façon dont Ronald Reagan aux États-Unis et Margaret Thatcher en Grande-Bretagne ont prétendu en faire la base de leur politique économique. En France, elle est devenue le discours dominant des partisans du libéralisme économique.

Pourtant, nous semble-t-il, cette théorie, et en particulier l'idée des effets désincitatifs de la fiscalité, s'appuient sur une vision simpliste de la rationalité individuelle, négligeant l'extrême complexité des déterminants qui conduisent ou non à travailler. Surtout, cette théorie réduit le développement macroéconomique à une dimension microéconomique et s'abstient de prendre en considération l'efficacité des dépenses publiques et des services publics, ainsi que les grands bénéfices qu'en retirent les agents économiques.

II. La filiation keynésienne

S'il est légitime de refuser de considérer comme des « enfants » de Keynes les économistes de la synthèse classico-keynésienne, il n'en est pas de même pour un autre courant qualifié, lui, de post-keynésien. Les économistes post-keynésiens sont les véritables descendants de Keynes, fidèles à ses principaux apports et à sa méthode. Parmi eux, on trouve les membres de la nouvelle école de Cambridge en Angleterre, dont Nicolas Kaldor, Joan Robinson, Roy Harrod, Piero Sraffa, auxquels il faut ajouter l'Américain Sidney Weintraub et surtout le Polonais Michael Kalecki, qui, dès 1933, dans des travaux sur le cycle des affaires, insistait sur le rôle essentiel, pour la détermination de l'emploi, des décisions d'investissement des entrepreneurs liées au taux de profit attendu. Kalecki, à ce titre, préfigurait les analyses de Keynes. Plus tard, il exerça une forte influence sur les membres de l'école de Cambridge.

Parmi les post-keynésiens plus récents, retenons Joseph Stiglitz, prix Nobel d'économie en 2001 pour ses travaux sur l'économie de l'information. Stiglitz fut nommé vice-président économiste en chef de la Banque mondiale en 1997, démissiona en 2000, car il était en désaccord avec les politiques de libéralisme économique, et se livra à une très sévère critique de ces politiques dans ses deux livres *La Grande Désillusion*, paru en 2001, et *Un autre monde*, paru en 2006.

Au-delà de leur réelle diversité, les post-keynésiens ont d'importants points communs : le rejet de la synthèse classico-keynésienne ; l'accent mis sur l'importance de la demande effective ; le refus de considérer que le salaire est un prix comme les autres ; et la conviction que l'instabilité foncière de l'économie de marché ne peut être régulée que par des institutions, et notamment l'État.

Leur diversité se manifeste par les apports différents de chacun d'entre eux. Nous en retiendrons ici quatre aspects.

Le modèle post-keynésien de courte période

Un premier apport concerne l'amélioration du modèle keynésien dans le cadre même qui est le sien, c'est-à-dire la courte période.

Elle est l'œuvre de Weintraub, *Classical Keynesianism, Monetary Theory and the Price Level*, 1961. Il présente un modèle qui décrit une situation d'équilibre de sous-emploi et qui explique, dans la tradition de Keynes, le chômage durable non par la rigidité des salaires à la baisse, mais par l'insuffisance de la demande effective due au manque de coordination macroéconomique. Dans ce modèle, Weintraub introduit un élément nouveau par rapport à Keynes : le marché du travail, dans lequel les salaires ne sont pas des prix comme les autres, ne se déterminent pas selon les critères néo-classiques, mais résultent de conventions sociales entre groupes sociaux, plus précisément de conventions collectives entre syndicats et patronat, manifestation de la recherche d'un compromis social dans le partage des revenus. Weintraub retrouve alors, après les avoir enrichies, les conclusions de Keynes. Le remède au chômage n'est pas la baisse des salaires, qui affaiblit la demande, mais un soutien de cette demande.

Il est donc essentiel pour les post-keynésiens que les entrepreneurs anticipent une demande globale soutenue, mais la difficulté réside alors, comme l'a bien montré un autre post-keynésien, l'Anglais George Schackle, dans *Uncertainty in Economics,* paru en 1955, dans le fait que les anticipations sont subjectives et incertaines. Contrairement aux affirmations des partisans des anticipations rationnelles, ce sont l'incertitude et la myopie des agents qui règnent. Se confirme alors l'idée que seules des institutions sont susceptibles de réguler les économies de marché marquées par l'instabilité et l'incertitude.

La théorie monétaire

Un deuxième apport post-keynésien concerne la théorie monétaire. Kaldor, dans son livre paru en 1985, *Le Fléau du monétarisme*, a synthétisé la théorie monétaire post-keynésienne en la caractérisant par trois traits principaux, qui sont l'exact contrepoint des propositions monétaristes :

1. L'offre de monnaie est endogène, en ce sens que la quantité de monnaie existante n'est pas le fruit d'une action délibérée des autorités monétaires, mais est fondamentalement déterminée par la demande de monnaie des agents économiques. La banque centrale n'a, en fait, pas la possibilité, en tant que prêteur en dernier ressort, de refuser au système bancaire la monnaie qui lui est nécessaire pour répondre aux besoins de l'économie.

2. Si l'on renonce aux hypothèses du modèle néo-classique, on est en mesure de comprendre que la création monétaire peut avoir des effets stimulants sur l'économie réelle, par le biais notamment de l'accroissement de la demande globale. On peut comprendre aussi que cette création monétaire, loin d'être à l'origine de l'inflation, n'en est qu'une condition permissive. Certes, elle est nécessaire au financement de la hausse des prix, mais elle ne fait que répondre à la demande de monnaie des agents. Elle n'est pas le *primum movens* de l'inflation, qui est à chercher dans les comportements de dépense des agents et dans la lutte des divers groupes sociaux pour le partage des revenus.

3. Le contrôle de la création monétaire par une

supervision directe de la quantité fournie est impossible. Cette impossibilité, précise Kaldor, s'est manifestée aussi bien dans la Grande-Bretagne de Margaret Thatcher que dans les États-Unis de Ronald Reagan, où cette politique a été mise en œuvre, a rencontré des difficultés imprévues (définition de l'offre de monnaie, apparition de nouveaux instruments financiers pour contrebalancer la restriction monétaire) et a échoué. Friedman y a vu une incompétence des banques centrales, Kaldor une impossibilité liée au caractère endogène de l'offre de monnaie.

Répartition des revenus et théorie de la croissance

Le troisième aspect de l'élargissement post-keynésien concerne, dans la logique keynésienne, mais cette fois avec la longue période comme cadre d'analyse, l'élaboration de théories de la croissance.

Les économistes post-keynésiens, en particulier Kaldor et Robinson, disciples de Keynes, mais aussi influencés par Marx et sa prise en considération du taux de profit comme variable déterminant le taux d'investissement, se distinguent dans les années 1955-1957, à la suite de Kalecki, en intégrant l'analyse de la répartition des revenus à celle de la croissance. Plus précisément, ils montrent que le partage salaires/profits exerce un effet sur la croissance, par le biais des comportements différents d'épargne et de consommation des divers groupes sociaux.

Kalecki avait ouvert la voie dès avant la guerre. Il réaffirme son point de vue dans son ouvrage de 1954 intitulé *Théorie de la dynamique économique*. L'arrière-plan de ses analyses est la prise en considération de la concurrence monopolistique et de la capacité des entrepreneurs, groupe social dominant, à déterminer leurs prix en ajoutant un taux de marge à leur coût de production. Dans ces conditions, la part du profit dans le revenu national est d'autant plus importante que le degré de monopole est élevé. Par ailleurs, Kalecki fait une distinction entre le taux d'épargne des salariés et celui des capitalistes, supposant le second très largement supérieur au premier et reliant ainsi le taux d'épargne global au partage salaires/profits. Pour un taux d'investissement donné existe alors une répartition des revenus qui permet d'obtenir le taux d'épargne nécessaire.

Pour Kaldor, dans *Un modèle de croissance économique*, en 1967, le point de départ est double. D'une part, taux d'investissement et taux d'épargne sont fonction de la part des profits dans le revenu national. D'autre part, les détenteurs de profits épargnent davantage que les salariés. Il en résulte un niveau optimal de partage salaires/profits qui assure l'égalisation des taux d'épargne et d'investissement, et la croissance. Ce niveau optimal n'est cependant qu'hypothétique, en particulier parce qu'il implique un compromis social sur la répartition des revenus qui est loin d'être assuré.

Pour Robinson, enfin, dans *L'Accumulation du capital*, en 1956, et *Essays on the Theory of Economic Growth*, en 1962, il existe un double lien entre taux de profit et taux d'investissement. Le taux de profit agit sur le taux d'investissement. Ce dernier est d'autant plus élevé que le taux de profit l'est, car une bonne rentabilité facilite le financement des investissements et est susceptible d'être considérée comme l'indice d'une bonne rentabilité future. Mais le taux d'investissement agit lui-même sur le taux de profit. Plus le premier est élevé, plus son financement implique des hausses de prix qui portent atteinte aux salaires et jouent dans le sens de la hausse des seconds. De cette double relation résulte l'idée d'un sentier de croissance équilibrée où, conjointement à un certain partage salaires/profits, le taux d'investissement et le taux de profit sont compatibles et demeurent inchangés, ainsi que la répartition du revenu national. Si, dans ces conditions, le taux de croissance de l'économie est suffisamment élevé pour que celui de l'emploi soit parallèle à celui de l'offre de travail, c'est « l'âge d'or ». Mais il ne s'agit là que d'une situation hypothétique, dont rien ne garantit, aux yeux de Robinson, la réalisation. Ne sont acquises ni la confiance des investisseurs, ni la concordance des comportements des investisseurs et des épargnants, ni la mise en œuvre de politiques gouvernementales favorisant une répartition optimale des revenus, ni l'existence d'une demande globale de biens suffisante, pas plus que ne l'est un développement de l'emploi absorbant toute l'offre de travail. Au total, rien ne garantit un taux de croissance équilibrée permettant l'embauche de tous les travailleurs. Au lieu de l'âge d'or, nous pouvons fort bien avoir des situations douloureuses prenant des formes très diverses, en particulier stagnation résultant de l'insuffisance de la demande effective ou développement de processus inflationnistes.

Marché et État

Stiglitz se présente comme le principal auteur post-keynésien qui s'élève avec vigueur contre ce qu'il appelle le fanatisme du marché. Par là, il faut entendre deux assertions.

Tout d'abord, l'idée que les marchés, contrairement à ce qu'affirment les partisans du libéralisme économique, ne conduisent pas spontanément, automatiquement, à l'efficacité économique. Ils produisent par exemple, dit Stiglitz, trop de pollution ou pas assez de recherche fondamentale. L'intervention de l'État, son action régulatrice, sont des nécessités absolues, sans lesquelles les marchés ne conduisent pas à l'efficacité économique. L'idée que le fonctionnement des marchés peut se passer de l'action de l'État est une fable à la fois historique – souvenons-nous du rôle qu'a joué l'État dans la constitution même des marchés –, et théorique – les producteurs marchands ayant besoin d'un régulateur extérieur à eux. De même, Stiglitz explique que le libre-échange ne conduit pas nécessairement à la croissance et au développement du bien-être. Il préconise certes, à cet égard, une ouverture extérieure des économies, mais à condition que cette ouverture ne soit pas « sauvage », mais contrôlée par l'État, n'excluant pas, par exemple, des mesures de protection partielles et temporaires.

Stiglitz critique également la place que réserve le libéralisme économique au social. Cette place peut se résumer en deux propositions : « soyons patients » et « en attendant demain ». « Soyons patients », en ce sens que le raisonnement des partisans du libéralisme économique est le suivant : après avoir rétabli, par des politiques d'austérité, les grands équilibres internes et externes, mettons en œuvre des réformes libérales internes (privatisations, libéralisation des marchés du travail et des marchés monétaires et financiers), et externes (ouvertures commerciale et financière). Ces réformes, laissant à eux-mêmes les marchés sans interventions de l'État, susciteront une croissance forte et durable, qui elle-même permettra la réduction de la pauvreté, voire des inégalités.

« En attendant demain », car les « extrêmement pauvres », distingués des « pauvres », n'ayant pas les moyens d'attendre les effets bénéfiques des réformes libérales, il est nécessaire de mettre en œuvre immédiatement des politiques d'assistance sociale ciblées vers eux, qu'accompagnent, pour les couches les plus riches, des politiques de privatisation partielle des services sociaux.

À l'encontre de cette analyse, Stiglitz insiste sur le fait que la lutte contre la pauvreté et les inégalités relève d'abord d'une nécessité éthique, absolument prioritaire. Il montre par ailleurs que cette lutte prioritaire contre la pauvreté et les inégalités, qui doit être menée en termes d'assurance sociale, d'essor de l'État-providence, peut elle-même avoir des effets économiques positifs, en termes de développement de la productivité ou des marchés intérieurs.

En ce sens, pour Stiglitz, le social ne doit pas être considéré comme indépendant, séparé de l'économique. Dans la même optique, pour Stiglitz, la mondialisation ne doit pas être critiquée en tant que telle, car elle est porteuse d'immenses bienfaits. Ce sont ses modalités, largement fixées à leur bénéfice par les grands groupes des pays capitalistes développés, qui doivent être critiquées et révisées, en particulier la place marginale réservée au social, alors que la lutte contre la pauvreté et les inégalités doit être considérée comme la clef de voûte du développement.

III. La filiation marxiste

Nous avons déjà dit comment, dans les années trente, l'économie politique marxiste avait subi, sous l'égide de la classe bureaucratique au pouvoir en URSS, une profonde dégénérescence qui l'avait transformée en simple instrument de légitimation du pouvoir et des politiques de cette classe.

Aux lendemains de la guerre, la situation demeure la même. Plus précisément, les analyses faites en URSS sur la société socialiste, au nom du marxisme, sont doublement faussées.

Elles le sont d'abord parce que, même si le pouvoir politique avait été exercé par les travailleurs eux-mêmes et non par cette nouvelle classe bureaucratique, l'URSS, en tout état de cause, n'aurait pas été une société socialiste, mais une société de transition du capitalisme au socialisme. Marx avait souligné qu'il était impossible d'instaurer sans une phase de transition préalable une société socialiste caractérisée par un développement suffisant, quantitativement et qualitativement, des forces productives, par la fin de la production marchande et de la loi de la valeur, ainsi que par un exercice du pouvoir politique de l'ensemble des membres de la société. Dès lors, présenter l'URSS comme une société socialiste, à la lumière des analyses de Marx, était déjà une duperie.

En outre, les analyses sur l'URSS sont faussées surtout parce que dans la réalité ce n'est pas le socialisme qui s'y est construit, ni même une société de transition du capitalisme au socialisme, mais une nouvelle société d'exploitation. Certes, les mécanismes de cette exploitation n'ont pas été les mêmes que dans la société capitaliste, mais elle n'en a pas moins été la caractéristique essentielle de la société soviétique. Par conséquent, il serait totalement aberrant de discuter des analyses faites en URSS sur la société socialiste alors qu'il n'était pas question de socialisme dans la réalité. C'est pourquoi les thèses présentées dans le très officiel *Manuel d'économie politique*, préparé des années durant sous la direction de Staline et publié en

1954, un an après sa mort, qui présente les caractéristiques de la société socialiste soviétique (propriété sociale des moyens de production, perpétuation de la production marchande, volonté d'assurer au maximum la satisfaction des besoins), ne méritent pas vraiment d'être discutées. Elles doivent être considérées comme la commande d'une classe bureaucratique soucieuse de légitimation.

Cela dit, dans les interstices, particulièrement dans les périodes de relative ouverture, au milieu des années soixante et des années quatre-vingt, des débats ont vu le jour, parfois confus, mais intéressants. Ils ont porté sur un certain nombre de questions :

– Persistance ou non de la loi de la valeur dans une société socialiste.

– Rémunération des fonds confiés par l'État aux entreprises, afin de limiter les gaspillages. Sont notables à cet égard les travaux d'un ingénieur soviétique, Kantorovitch, qui avait été en 1939 l'un des initiateurs de la programmation linéaire et qui, en 1960, se pose la question de l'emploi optimal des moyens de production et présente un modèle d'équilibre général dans lequel le marché est remplacé par le plan.

– Utilisation du profit, et non du volume produit, comme indice principal pour apprécier les résultats des entreprises, et à cette fin autonomie plus grande accordée aux entreprises.

– Moyens d'obtenir une croissance optimale en jouant sur l'importance et l'orientation des investissements. La contribution la plus intéressante sur cette question est celle de M. Kalecki, qui a consacré la fin de sa vie, en Pologne, à l'étudier. Dans *Théorie de la croissance en économie socialiste*, paru en 1970, Kalecki a en particulier cherché à analyser la nature du partage optimal entre consommation et investissement pour favoriser la croissance. Il a critiqué à cet égard la priorité absolue donnée en URSS et dans les démocraties populaires à la production de biens d'équipement, la rendant responsable d'une croissance déséquilibrée et de la pénurie. Il a également étudié et comparé les divers moyens d'accroître la productivité du travail, critiquant là aussi la priorité systématique accordée à l'intensité capitalistique, quelle que soit la réserve de main-d'œuvre de l'économie.

Malgré le poids de l'URSS et des milieux qu'elle influençait dans le monde, un marxisme vivant et critique de l'économie politique a refait son apparition. Nous allons en donner quatre illustrations.

Le capitalisme monopoliste

Une première manifestation du renouveau est représentée par l'œuvre de deux économistes américains, Paul Baran et Paul Sweezy, dont le principal ouvrage écrit en commun, *Le Capitalisme monopoliste*, paraît en 1966.

L'objet de leur travail est l'étude du développement d'un capitalisme monopoliste qui requiert, par rapport au capitalisme concurrentiel, un nouveau mode d'explication fondé sur le concept de surplus économique. Ce concept, défini par les auteurs comme l'excédent de la production sur le coût, proche donc de celui de plus-value, est utilisé par les auteurs afin de mieux mettre en valeur le fait qu'une part désormais importante de la plus-value est appropriée par l'État.

Baran et Sweezy soulignent ensuite quatre grandes caractéristiques de ce capitalisme monopoliste :

– une tendance à la hausse du surplus, liée aux progrès rapides de la productivité du travail ;

– un développement des dépenses improductives qui résulte du type de concurrence à laquelle se livrent les grandes entreprises monopolistiques et destiné à stimuler la demande des consommateurs pour augmenter les ventes : dépenses de publicité, de marketing, qui sont la manifestation d'un gaspillage du surplus ;

– une tendance à la stagnation économique due à l'insuffisance de la consommation et de l'investissement, qui rend indispensable l'intervention de l'État pour absorber le surplus, intervention qui privilégie les dépenses militaires par rapport aux dépenses civiles ;

– un mode spécifique d'utilisation du surplus dans les pays sous-développés, en partie dilapidé par les classes au pouvoir en dépenses somptuaires, et en partie transféré dans les pays capitalistes développés. Baran et Sweezy préconisent pour leur part réformes agraires, mesures protectionnistes et développement des entreprises publiques.

Les « ondes longues » du capitalisme

Le deuxième courant du renouveau marxiste est représenté par l'économiste belge Ernest Mandel, dont les deux principaux ouvrages sont *Traité d'économie marxiste,* paru en 1962, et *Le Troisième Âge du capitalisme*, paru en 1972.

L'un des objets essentiels du travail de Mandel est d'expliquer, sur la base de la théorie marxiste, la longue période de forte croissance de l'économie capitaliste qui s'ouvre aux lendemains de la Seconde Guerre mondiale et son caractère limité dans le temps, illustré par le retournement du début des années soixante-dix. À cette fin, il élabore une théorie des « ondes longues » du capitalisme. Elle doit sans doute à l'économiste autrichien J. Schumpeter, qui, dans un livre paru en 1912, *Théorie de l'évolution économique*, faisait de l'apparition discontinue, en « grappes », de vagues d'innovations dans les processus de production à la fois l'élément essentiel de la dynamique du capitalisme et la base de l'explication des mouvements cycliques.

Mandel s'intéresse aux mouvements longs qui ont jalonné l'histoire du capitalisme : phases longues de forte accumulation du capital et de croissance élevée des années 1848-1873 ; d'accumulation ralentie en 1874-1893 ; de forte accumulation en 1894-1913 ; d'accumulation ralentie en 1918-1939 ; de forte accumulation de 1945 à la fin des années soixante ; de faible accumulation à partir des années soixante-dix. Le repérage de ces phases longues ne signifie en rien, aux yeux de Mandel, une assimilation entre elles des phases d'accumulation forte ou ralentie, dans la mesure où elles sont marquées par des luttes politiques et sociales, des structures économiques, des rapports sociaux extrêmement différents. Il ne s'agit pas non plus de sombrer dans le mécanicisme et d'imaginer que le passage d'une période à une autre se fait automatiquement.

Comment, dès lors, Mandel explique-t-il ces ondes longues ? Il note que les retournements à la hausse correspondent à des révolutions technologiques et à des « grappes d'innovations », pour reprendre l'expression de Schumpeter, tandis que les retournements à la baisse correspondent à l'épuisement des vagues d'innovation. Il apporte là une précision importante. Les périodes longues d'accumulation forte ou ralentie sont caractérisées par un ensemble de facteurs économiques, politiques et sociaux qui affectent de façon *durable* les taux de profit et les débouchés dans le sens de la hausse ou de la baisse. Ainsi, ce n'est pas la révolution technologique en tant que telle qui explique le passage d'une onde longue d'accumulation ralentie à une onde longue de forte accumulation, c'est la révolution technologique, dans des conditions où taux de profit et débouchés sont favorablement orientés à la hausse. Tel fut le cas, explique Mandel, de la période de forte accumulation des années 1945 à la fin des années soixante, caractérisée, nous l'avons vu, par des taux de profit élevés et une demande globale maintenue à haut niveau par les politiques keynésiennes. De même, ajoute-t-il, la période d'accumulation ralentie qui s'ouvre au début des années soixante-dix est marquée par des taux de profit en baisse, auxquels sont venus s'ajouter des débouchés insuffisants en raison des politiques d'austérité mises en œuvre afin de faire remonter ces taux de profit. Reste en suspens, en se situant dans la logique de Mandel, la question de savoir si la reprise de la croissance, à partir du milieu des années quatre-vingts, fragile et très inégale, beaucoup plus nette aux États-Unis qu'en Europe, marque ou non l'entrée dans une nouvelle onde de forte accumulation.

La régulation

Le troisième courant du renouveau marxiste est représenté par ce qu'on a appelé l'École de la régulation, qui commence à se développer au milieu des années soixante-dix et dont les principaux représentants sont les économistes français Michel Aglietta, avec *Régulation et Crises du capitalisme, l'expérience des États-Unis* (1976) ; Robert Boyer, avec *La Théorie de la régulation : une analyse critique* (1986) ; Jacques Mistral, en collaboration avec Robert Boyer, *Accumulation, inflation, crises* (1978) ; et Alain Lipietz, *Crise et Inflation, pourquoi ?* (1979). L'inspiration théorique de cette école est essentiellement marxiste, en particulier l'accent mis sur les rapports sociaux, mais elle se nourrit aussi de Keynes et des post-keynésiens, ainsi que des institutionnalistes, dont le premier grand représentant, l'Américain Veblen, insistait déjà, au début du XXe siècle, à l'encontre des néoclassiques et de leur individu rationnel, sur le rôle et l'importance des configurations institutionnelles pour comprendre le développement de l'activité économique.

L'idée de base des régulationnistes est que l'histoire du capitalisme est marquée par la succession de régimes d'accumulation et de modes de régulation différents qui leur sont associés.

Un régime d'accumulation se définit par un certain nombre de traits durables qui concernent la production, la réalisation et l'articulation entre les deux. Les traits concernant la production sont le degré de concentration, l'importance relative des secteurs, le niveau de progrès technique, le taux d'investissement, la place au sein de la division internationale du travail, le rapport salarial, c'est-à-dire le mode de formation du salaire, l'importance des prestations sociales et l'utilisation du revenu salarial. La réalisation, elle, se caractérise par l'importance relative des marchés intérieur et extérieur.

Un mode de régulation se définit par un ensemble de mécanismes, de procédures, de comportements individuels et collectifs qui assurent la reproduction du régime d'accumulation auquel il est lié.

Utilisons, avec les régulationnistes, cette grille théorique pour analyser la période de forte accumulation allant de 1945 à la fin des années soixante. La période, selon eux, se caractérise par l'existence d'un régime d'accumulation intensive, c'est-à-dire fondée sur des gains de productivité très élevés, liés à la généralisation de l'organisation taylorienne du travail. Elle se définit aussi par un mode de régulation monopoliste tout à fait différent de la régulation concurrentielle en vigueur avant-guerre, et fruit de profondes transformations institutionnelles : concentration des entreprises, interventions massives de l'État, conventions collectives, contrats de travail à durée indéterminée, importance des prestations sociales. Ce mode de régulation a ainsi permis à la forte hausse de la productivité du travail de se traduire non seulement par une hausse des profits, mais aussi par celle des salaires réels et des prestations sociales. Ainsi était stimulée une consommation de masse, à laquelle s'ajoutaient des dépenses publiques importantes assurant la croissance des débouchés exigée par l'accumulation intensive. La nouvelle configuration institutionnelle autorisait donc un taux de profit et des débouchés conjointement élevés, et de ce fait une croissance forte et durable.

L'analyse régulationniste s'est également appliquée à la crise qui s'est ouverte au début des années soixante-dix. La remise en question du taylorisme dans les luttes sociales, l'accroissement beaucoup plus faible de la productivité du travail, la baisse du taux de profit suscitent une crise du rapport salarial. La priorité est en effet à la restauration des profits, et des politiques d'austérité visant salaires, garanties de l'emploi et prestations sociales sont à l'ordre du jour et mises en œuvre. Le rapport salarial de la période antérieure de forte accumulation est, pour reprendre un mot de Boyer, *émietté*. Le rôle de l'État dans l'économie est, de son côté, remis en question. Le régime d'accumulation entre en crise.

Sous-développement et dépendance

Le quatrième courant du renouveau marxiste se manifeste par des analyses du sous-développement, dont l'essor a été impulsé, au lendemain de la Seconde Guerre mondiale, par le processus de décolonisation.

Deux idées de base font à peu près l'unanimité chez les auteurs qui s'intéressent au sous-développement : il existe des spécificités communes à tous les pays sous-développés, au-delà des profondes différences qui les séparent ; et les rapports économiques entre pays capitalistes développés et sous-développés ont été plus favorables aux premiers qu'aux seconds.

Les analyses du sous-développement sont loin de se situer toutes dans la filiation marxiste, pas plus que les politiques de développement. Après tout, Friedman a bien été l'un des conseillers économiques du général Pinochet au Chili ! Mais, dans l'ensemble, le poids des analyses critiques, dont celles d'inspiration marxiste, est nettement plus important que dans d'autres domaines d'étude de l'économie.

Nous allons illustrer cette importance en montrant comment ont évolué les analyses de ce qui fut appelé l'École de la dépendance, très développée en Amérique latine et fortement influencée, sur le plan théorique, par Kalecki et les post-keynésiens de Cambridge, vers celles de l'économiste français Pierre Salama, certes influencé par cette école, ainsi que par les post-keynésiens, mais se situant essentiellement dans la filiation de Rosa Luxemburg.

L'École de la dépendance a un père, l'économiste argentin Raul Prebisch, qui fut nommé en 1948 premier secrétaire de la CEPAL, Commission des Nations unies pour l'Amérique latine, et qui fut de 1964 à 1969 secrétaire général de la CNUCED, Commission des Nations unies pour le commerce et le développement, où il se fit notamment remarquer par un appel pour un « nouvel ordre économique international ». Parmi ses œuvres, citons *Towards a New Global Strategy for Development*, paru en 1958, et *Capitalismo periferico : crisis y transformación*, paru en 1981.

L'apport de Prebisch est multiple. Il dénonce la spécialisation imposée à la plupart des pays sous-développés dans la production de produits primaires, produits agricoles, matières premières, ressources énergétiques, dans le cadre d'un système économique international qu'il appelle centre-périphérie. Cette spécialisation, qui pénalisait les pays sous-développés, avait pour conséquence une détérioration séculaire des termes de l'échange, c'est-à-dire du rapport de l'indice des prix des produits primaires exportés sur celui des produits manufacturés importés. Elle aggravait le degré de dépendance technologique à l'égard du « centre ». Enfin, elle faisait prospérer une bourgeoisie commerciale exportatrice défavorable à l'industrialisation et à l'origine d'une importation de biens de consommation de luxe coûteuse et inutile pour le développement. Prebisch se prononce pour une industrialisation volontaire impulsée par l'État et fondée sur une stratégie dite de substitution d'importations, c'est-à-dire que l'on remplace les importations par une production locale de biens de consommation non durables, puis durables, et enfin par une production de biens d'équipement. Cette stratégie devait être accompagnée, selon Prebisch, d'une politique protectionniste légère et sélective et d'une intervention étatique visant à diminuer la forte inégalité dans la répartition des revenus, afin de développer le marché intérieur.

Dans la lignée de Prebisch, dans les années soixante-dix, on verra évoluer l'École de la dépendance, dont la thèse essentielle est que développement et sous-développement sont deux aspects d'un même phénomène, l'appartenance à une économie capitaliste mondiale et hiérarchisée. Le sous-développement des uns n'est pas un simple retard dans le temps indépendant du développement des autres.

Deux courants principaux sont apparus dans le cadre de cette École de la dépendance. Un premier est animé par des sociologues, dont le Brésilien Fernando Henrique Cardoso. Celui-ci, qui deviendra plus tard président de la République brésilienne, décrit, dans un livre écrit avec Enzo Faletto, *Dépendance et Développement en Amérique latine*, paru en 1978, les effets que la dépendance induit sur les classes sociales, leur stratification, leurs alliances, et sur l'État. Il met en lumière les liens qui existent entre les facteurs externes et internes qui commandent l'évolution économique, sociale et politique des pays sous-développés. En d'autres termes, il a le grand mérite de ne faire du sous-développement ni le pur produit de la dépendance extérieure ni celui du simple jeu des forces internes, et de tenter une analyse qui intègre les deux. Un autre courant se réclamant plus directement du marxisme est représenté par l'économiste brésilien Gunder Frank, qui s'est livré à l'étude de ce qu'il a appelé le développement du sous-développement, ou par l'économiste égyptien Samir Amin, courant qui insiste malheureusement, lui, de façon quasi unilatérale, sur la responsabilité de la dépendance extérieure.

Influencé par l'École de la dépendance, mais se situant fondamentalement dans la lignée des analyses de Rosa Luxemburg sur la genèse du sous-développement, Pierre Salama publie notamment *Le Procès de sous-développement* en 1972, *Pauvretés et inégalités dans le tiers-monde* en 1994, en collaboration avec Jacques Valier, *Mesures et démesures de la pauvreté* en 2002, en collaboration avec Blandine Destremau, et le *Défi des inégalités*, paru en 2006. Il fait trois apports principaux à l'analyse du sous-développement.

Tout d'abord, il reprend à son compte l'idée que l'économie capitaliste est mondiale et hiérarchisée, la hiérarchie résultant du développement inégal. Il montre ensuite que l'insertion des pays sous-développés au sein de cette économie mondiale est un aspect très spécifique de ce développement inégal. Il met en lumière la façon très particulière dont les rapports de production capitalistes ont d'abord pénétré dans ces pays, en un espace-temps très court et de l'extérieur, puis se sont étendus, l'évolution et les besoins de l'accumulation du capital dans les pays développés imprimant toujours, sous des formes historiques qui ont évolué, leurs marques sur les économies des pays sous-développés. Il voit, dans cette spécificité de la pénétration et de l'extension des rapports de production capitalistes, la caractérisation même du sous-développement. Il précise enfin que la domination des pays sous-développés par les pays développés ne s'exerce pas directement, mais par la médiation de l'économie mondiale, et que de ce fait leurs États peuvent disposer d'un certain degré d'autonomie.

Par ailleurs, Salama s'est livré à l'analyse des divers régimes d'accumulation qui ont caractérisé les pays semi-industrialisés d'Amérique latine – Argentine, Brésil, Mexique, depuis la fin de la Seconde Guerre mondiale :

1. Régime d'industrialisation substitutive d'importations, dont Salama nous montre comment il s'est développé, dans les années trente, en liai-

son avec la crise, qui diminuait considérablement les recettes d'exportation et donc les capacités d'importation, et comment, dans les années cinquante, il s'est heurté à la contradiction entre des capacités de production élevées, dues à l'essor de l'industrie de biens d'équipement, et un marché intérieur très faible en raison de la très forte inégalité dans la répartition des revenus.

2. Régime des années 1960-1970 caractérisé par d'importants investissements des firmes multinationales dans les secteurs de biens de consommation durables et d'équipement. Ces investissements sont favorisés par une forte répression étatique à l'encontre des travailleurs (baisse des salaires réels, interdiction des grèves). Cette répression permet en effet à la fois d'accroître les profits de ces firmes et de dégager des ressources pour de nouvelles couches moyennes riches, représentant de 25 à 30 % de la population, qui assurent un débouché interne pour leur production. Ce régime engendre pour un temps de forts taux de croissance de l'économie, en même temps qu'une aggravation des inégalités pourtant déjà fortes dans la répartition des revenus, au détriment de l'immense majorité de la population. D'où sa caractérisation par Salama de régime d'accumulation excluant.

3. Régime de libéralisation économique à partir

des années 1980, mis en place sous l'égide du Fonds monétaire international et de la Banque mondiale, et caractérisé par le développement du libéralisme économique interne (privatisations, libéralisation du marché du travail et des marchés financiers) et externe (ouverture commerciale et financière). Ce régime s'accompagne dans les années 1980 de l'hyperinflation et de la dollarisation de l'économie, ainsi que du recul de la production. La CEPAL parlera de « décennie perdue ». Dans les années 1990, ce régime se caractérise par de fortes fluctuations de l'activité économique au gré des entrées ou des sorties de capitaux, ceux-ci se révélant nécessaires pour combler les vastes déficits de la balance commerciale résultant de l'ouverture extérieure brutale.

Enfin, Salama a présenté une analyse de la pauvreté et des inégalités dans les pays sous-développés, tentant de les mesurer, d'expliquer leur importance et d'étudier l'évolution, selon les périodes, des facteurs qui les engendrent. Il montre, par exemple, comment en Amérique latine l'appauvrissement des années 1990, dû essentiellement au chômage, a succédé à celui des années 1980, dû fondamentalement à l'hyperinflation.

En ce qui concerne les politiques de lutte contre la pauvreté et les inégalités, Salama met d'abord en lumière qu'elles doivent être conçues non en termes de bienfaisance/assistance, mais en termes de protection sociale et de droits sociaux universels.

Par ailleurs, adoptant le même point de vue que celui présenté par Amartya Sen dans *Éthique et Économie*, paru en 1991, et dans *L'économie est une science morale*, paru en 1999, Salama insiste sur l'idée que la lutte contre la pauvreté et les inégalités doit être considérée d'abord et avant tout comme une nécessité *éthique* prioritaire. Certes, il ne faut pas oublier que cette lutte peut avoir des effets économiques favorables en termes de développement du marché intérieur et d'encouragement à la hausse de la productivité. Elle peut donc être, à un moment donné, une nécessité *économique.* Mais il peut arriver aussi, compte tenu de la logique de fonctionnement d'un système fondé sur le profit, que l'accroissement de la pauvreté et des inégalités soit favorable à l'accumulation du capital et à la croissance. L'exemple du Brésil durant la dizaine d'années qui a suivi l'instauration de la dictature militaire en 1964 en est une parfaite illustration. La lutte contre la pauvreté et les inégalités n'est donc pas toujours une nécessité économique. C'est précisément pourquoi il faut accorder la priorité à l'éthique et œuvrer en toutes circonstances, au nom de cette éthique, à la mise en œuvre prioritaire de politiques de lutte contre la pauvreté et les inégalités.

Recul de la production ou fragilité de la croissance, hyperinflation, chômage, pauvreté, aggravation des inégalités et de la précarité, financiarisation, c'est-à-dire développement de la sphère financière au détriment de la sphère productive : les politiques économiques d'inspiration libérale appliquées brutalement ont eu des effets désastreux, comme le montre Salama avec le cas de l'Amérique latine. Cette financiarisation a connu ces dernières années un essor spectaculaire, en particulier dans les pays capitalistes développés. Ainsi, en 2005, selon les travaux réalisés par un économiste français spécialiste des questions financières, François Morin, alors que le total des transactions interbancaires de la planète était égal à 2 069 milliers de millions de dollars, l'économie réelle représentait 44 milliers de millions de dollars, tandis que la sphère financière représentait 2 023 milliers de millions de dollars, dont 51 pour les marchés boursiers, 1 406 pour les marchés de produits dérivés, et 566 pour le marché des changes. Ainsi, l'économie réelle ne représentait-elle que 2 % de l'ensemble des transactions entre banques, la sphère financière étant près de cinquante fois supérieure à la sphère réelle. Déséquilibre énorme, qui est apparu au grand jour, dans toute son ampleur et avec toutes ses conséquences néfastes, lors de la grande crise ouverte en 2008. Crise qui a vu, dans un cadre général de remise en cause des dogmes du libéralisme économique, de nombreux économistes partisans de ce libéralisme parler sans vergogne de la nécessaire intervention de l'État. Hommage du vice rendu à la vertu ?

Pour conclure brièvement...

Nous avons fait le pari d'une brève présentation d'un long parcours. Ce pari n'est gagné que s'il a permis au lecteur de ne pas être noyé dans les détails, et donc de mieux comprendre et d'apprécier, positivement ou négativement, les caractéristiques essentielles des divers courants. Pour notre part, nous n'avons pas seulement exposé, nous avons tenu à donner nos appréciations personnelles. Pari gagné également, si le lecteur a ainsi pris plus facilement conscience du fait qu'en économie les résultats qui paraissent à juste titre les plus solides ne sont jamais définitivement acquis. La remise en question, à partir des années soixante-dix, de la théorie et de la politique keynésiennes, et la dégénérescence, dans les années trente, de la pensée marxiste, en sont deux parfaites illustrations. Plus généralement, on peut déplorer ce qu'est devenue *de façon dominante* l'économie politique aujourd'hui. Les économistes construisent des modèles, ce qui n'est pas critiquable en soi. Critiquable, en revanche, est le caractère purement implicite des doctrines et théories qui sous-tendent ces modèles, véritable non-dit à ne pas mettre en cause, et qui sont le plus souvent un mélange tout à fait insatisfaisant d'analyses néoclassiques et keynésiennes. À ceux qui, aujourd'hui, ont la prétention de construire des modèles économiques épurés de toute idéologie, nous avons envie de rappeler, en paraphrasant Keynes, que les économistes qui se croient affranchis d'influences doctrinales sont le plus souvent les esclaves d'une doctrine implicite. Le progrès n'est jamais assuré.

Bibliographie sélective

Cette bibliographie délibérément restreinte a pour objet essentiel de faciliter la tâche des lecteurs qui souhaiteraient lire les passages de quelques-unes des œuvres les plus importantes qui ont servi de base à l'élaboration de cette histoire de la pensée économique. Nous avons choisi une présentation par thèmes. Les auteurs sont classés par ordre chronologique. Les premiers chiffres entre parenthèses sont les dates de la première parution.

La valeur

ARISTOTE, *Politiques*, Flammarion, 1990, Livre I, Chapitre IX.

ARISTOTE, *Éthique à Nicomaque*, Flammarion, 1965, Livre V, Chapitre V.

RICARDO, David (1817), *Principes de l'économie politique et de l'impôt*, Flammarion, 1992, Chapitre I.

MARX, Karl (1867 et 1894), *Le Capital*, Éditions

sociales, 1978, Livre I, Chapitre I, et Livre III, Chapitres VIII à X.

JEVONS, Stanley (1871), *Théorie de l'économie politique*, Giard et Brière, 1909, Chapitre IV.

La monnaie

ARISTOTE, *Politiques*, Flammarion, 1990, Livre I, Chapitre IX.

BODIN, Jean (1568), *Réponse aux paradoxes de Monsieur de Malestroit*, Armand Colin, 1932.

RICARDO, David (1817), *Principes de l'économie politique et de l'impôt*, Flammarion, 1992, Chapitre XXVII.

MARX, Karl (1867), *Le Capital*, Éditions sociales, 1978, Livre I, Chapitres I à III.

KEYNES, John Maynard (1936), *Théorie générale de l'emploi, de l'intérêt et de la monnaie*, Payot, 1966, Chapitre XIII.

FRIEDMAN, Milton (1968), *Inflation et Systèmes monétaires*, Calmann-Lévy, 1976, Chapitre I.

KALDOR, Nicolas (1981), *Le Fléau du monétarisme*, Économica, 1985, p. 82 à 103.

La répartition des revenus

SMITH, Adam (1776), *Recherches sur la nature et les causes de la richesse des nations*, GF-Flammarion, 1991, Livre I, Chapitres VI et VIII.

SAY, Jean-Baptiste (1804), *Traité d'économie politique*, Calmann-Lévy, 1972, Livre I, Chapitre VII, et Livre II, Chapitre V.

RICARDO, David (1817), *Principes de l'économie politique et de l'impôt*, Flammarion, 1992, Chapitres II à VI.

MARX, Karl (1867), *Le Capital*, Éditions sociales, 1978, Livre I, Chapitres VII à XXII.

MARX, Karl (exposé en 1865, paru en 1898), *Salaire, Prix et Profit*, Éditions sociales, 1959.

JEVONS, Stanley (1871), *Théorie de l'économie politique*, Giard et Brière, 1909, p. 334 à 349.

KALDOR, Nicolas (1955-1956), « Alternative Theories of Distribution », *Review of Economic Studies*, nº 61, 1955-1956, p. 83 à 101.

Croissance, accumulation, crises et emploi

MONTCHRESTIEN, Antoine (1616), *Traité d'économie politique*, Plon, 1889, p. 228 à 323.

QUESNAY, François (1758), *Tableau économique*, Calmann-Lévy, 1969, p. 45 à 75.

SMITH, Adam (1776), *Recherches sur la nature et les causes de la richesse des nations*, GF-Flammarion, 1991, Livre II, Chapitre III, et Livre IV, Chapitres II et VII.

SAY, Jean-Baptiste (1804), *Traité d'économie politique*, Calmann-Lévy, 1972, Livre I, Chapitres XV et XXIX.

RICARDO, David (1817), *Principes de l'économie politique et de l'impôt*, Flammarion, 1992, Chapitre XXI.

MALTHUS, Thomas (1820), *Principes de l'économie politique*, Calmann-Lévy, 1969, Livre II, Chapitre I.

MARX, Karl (1894), *Le Capital*, Éditions sociales, 1978, Livre III, Chapitres XIII à XV.

LUXEMBURG, Rosa (1913), *L'Accumulation du capital*, Maspero, 1969, Section III.

RUEFF, Jacques (1931), « L'assurance-chômage, cause du chômage permanent », *Revue d'économie politique*, Sirey, 1931.

KEYNES, John Maynard (1936), *Théorie générale de l'emploi, de l'intérêt et de la monnaie*, Payot, 1966, Chapitre III.

ROBINSON, Joan (1956), *L'Accumulation du capital*, Dunod, 1972.

MANDEL, Ernest (1972), *Le Troisième Âge du capitalisme*, 10/18, 1974, Chapitres IV et V.

Libéralisme économique *versus* intervention de l'État

SAY, Jean-Baptiste (1804), *Traité d'économie politique*, Calmann-Lévy, 1972, Livre II, Chapitre VII.

SMITH, Adam (1776), *Recherches sur la nature et les causes de la richesse des nations*, GF-Flammarion, 1991, Livre IV, Chapitre II.

HAYEK, Friedrich (1973-1979), *Droit, Législation et Liberté*, PUF, 1980-1983.

KEYNES, John Maynard (1936), *Théorie générale de l'emploi, de l'intérêt et de la monnaie*, Payot, 1966, Chapitre XXIV.

Communisme

MORE, Thomas (1516), *L'Utopie*, Éditions sociales, 1966, Livre II.

MARX, Karl (1867), *Le Capital*, Éditions sociales, 1978, Livre I, Chapitre I, 4e paragraphe.

MARX, Karl (1871), *La Guerre civile en France*, Éditions sociales, 1963.

MARX, Karl (1891), *Critique du programme de Gotha*, Éditions sociales, 1966.

PREOBRAJENSKI, Eugène (1926), *La Nouvelle Économique*, EDI, 1966, Chapitre II et Appendice.

BOUKHARINE, Nicolas (1926), « La loi de l'accumulation primitive socialiste », in *Le Socialisme dans un seul pays*, 10/18, 1974, Chapitre III.

Index des auteurs et écoles cités

S

T

V

W

Index thématique

Table des matières

Cet ouvrage a été composé par
IGS-CP à L'Isle-d'Espagnac (16)

N° d'édition : L.01EHQN000399.B003
Dépôt légal : octobre 2009
Imprimé en Espagne par Novoprint (Barcelone)